SOBRE O FEMININO

Blucher

SOBRE O FEMININO

Reflexões psicanalíticas

Organizador

Claudio Castelo Filho

Sobre o feminino: reflexões psicanalíticas
© 2018 Claudio Castelo Filho
1ª reimpressão - 2018

Imagem da capa: *Rêverie*. Claudio Castelo Filho. Acrílica sobre tela, 80 cm x 100 cm, 2012.

Blucher

Rua Pedroso Alvarenga, 1245, 4º andar
04531-934 - São Paulo - SP - Brasil
Tel.: 55 11 3078-5366
contato@blucher.com.br
www.blucher.com.br

Segundo o Novo Acordo Ortográfico, conforme 5. ed. do *Vocabulário Ortográfico da Língua Portuguesa*, Academia Brasileira de Letras, março de 2009.

É proibida a reprodução total ou parcial por quaisquer meios sem autorização escrita da editora.

Todos os direitos reservados pela Editora Edgard Blücher Ltda.

Dados Internacionais de Catalogação na Publicação (CIP)
Angélica Ilacqua CRB-8/7057

Sobre o feminino : reflexões psicanalíticas / organizado por Claudio Castelo Filho. - São Paulo : Blucher, 2018.

200 p. : il.

Bibliografia

ISBN 978-85-212-1299-7

1. Feminino – Psicanálise 2. Mulheres e psicanálise 3. Feminino – Ensaios I. Castelo Filho, Claudio.

18-0351   CDD 155.333

Índice para catálogo sistemático:
1. Psicanálise : Feminino

Apresentação

Fazer a apresentação deste livro sobre o feminino é uma honra, um privilégio e um imenso prazer. As questões inerentes ao feminino foram o ponto de partida de Freud, pois tentando "ouvir" o que as histéricas diziam com o seu corpo, ele criou um arcabouço teórico que busca compreender a mente humana e abriu caminhos que continuam sendo trilhados até os dias atuais, trazendo novas possibilidades e questionamentos sobre o mistério da existência humana.

A despeito da complexidade enigmática do tema, o feminino, os oito capítulos que compõem este livro nos propõem reflexões, pensamentos, novos questionamentos e o desejo de continuar pesquisando e avançando.

De maneira artística, poética e, em alguns momentos, coloquial, os diversos autores nos brindam com diferentes facetas do feminino, o que faz com que, acima de tudo, este livro seja um prenúncio do Congresso Internacional de Psicanálise de 2019, que tem como tema justamente o feminino.

Uma boa leitura a todos.

Gleda Brandão Coelho Martins de Araújo
Coordenadora científica da Federação Psicanalítica
da América Latina (Fepal) (2016-2018)

Um convite a pensar sobre o feminino

Claudio Castelo Filho

Este livro, *Sobre o feminino*, tal como menciono em meu capítulo, teve sua origem em uma exposição de arte de minhas pinturas que em sua maioria têm a figura feminina como motivo central e em concomitante palestra que fui chamado a fazer durante a abertura para um grupo de mulheres empresárias. Partindo dela, caminhei pelas raízes de minha produção artística, passei à minha prática analítica e fiz um apanhado do conceito de feminino e da função feminina de Freud, passando por Klein, até Bion.

Convidado por Eduardo Blücher a produzir mais um livro para a editora após a publicação do meu *O processo criativo: transformação e ruptura*, senti-me lisonjeado com o convite e conversamos sobre o tema que desenvolvi nessa palestra-exposição. Surgiu a ideia de que eu desenvolvesse o tema do feminino, mas acabamos considerando que seria bem mais interessante que, além de produzir meu próprio texto a partir daquele que havia apresentado na minha palestra, fossem convidadas diversas colegas mulheres para falar sobre o tema.

Propus que, além das mulheres, um outro colega homem, o Renato Trachtenberg, pudesse fazer comigo o contraponto do viés das mulheres sobre o tema.

Foram convidadas doze psicanalistas para que escrevessem sobre o feminino. Chamou-me a atenção que, entre essas doze, seis produziram os valiosos capítulos que se seguem. Outras cinco, com muita experiência clínica e na produção de textos científicos, viram-se sem condições de desenvolver algo sobre este tema específico, ou, algum tempo após terem aceitado a empreitada, alegaram compromissos familiares que as impediram de dar prosseguimento à empreitada. Uma colega apresentou um ótimo trabalho que valeria muito estar entre os que se seguem, e insisti bastante para que isso ocorresse, porém sua exigência pessoal quanto ao que esperava produzir levou-a a retirá-lo da publicação logo após tê-lo entregue. Deu-me o que pensar... Será que escrever sobre o feminino é uma questão complicada para as próprias mulheres? Essa questão pode estar enviesada, certamente, porque só convidei um único colega a produzir outro texto juntamente comigo e, por conseguinte, não sei no que resultaria se tivesse convidado outros dez. Mas não deixou de me chamar a atenção as desistências que ocorreram no meio do caminho pelas diversas colegas que acabaram não colaborando, a despeito de reputá-las profissionais das mais altas qualificações, pois, caso contrário, não as teria convidado.

Nos capítulos que se seguem há, em sua maioria, um toque de depoimento da vida pessoal de cada um e cada uma.

Os trabalhos que foram finalizados são altamente criativos, estimulantes e instigantes e proporcionam aberturas para searas ainda não exploradas. Há muitas indagações feitas e ideias a serem desenvolvidas, além daquelas já consistentemente postuladas e expostas, o que os torna ricos e científicos, mesmo quando escritos de forma essencialmente poética, como acontece nos trabalhos de Maria

Helena Fontes e de Ana Vannucchi, por serem exatamente dessa forma: abertos; propondo, e não fechando questões. "O que quer uma mulher?", reitera Renato em seu sofisticado trabalho, recolocando a pergunta de Freud; "o que quer o homem?", contrapõe de cara o capítulo de Maria Luiza Salomão, em que a ideia de feminino também caminha de uma percepção sensorial para uma abstração, uma função da mente, por um caminho próprio da autora que também possui, como todos, um vasto substrato teórico, sem que o trabalho se torne maçante ou hermético, muito pelo contrário.

Os capítulos, a despeito da erudição e conhecimento teórico, são muito ligados à prática e de leitura descomplicada.

Maria Helena e Ana Maria valem-se da escrita literária. A primeira apresenta um belíssimo, impactante e surpreendente conto em que a relação entre mãe e filha é a questão central. A segunda, uma deliciosa e consistente crônica-conto em que uma avó conversa com sua neta sobre o que é o feminino.

No trabalho de Renato, também vemos o recurso a uma obra de arte, a famosa tela *A origem do mundo* de Courbet, que se encontra no Museu de Orsay de Paris. Como sempre nos escritos de Renato, há uma grande erudição sem que haja qualquer ranço de pretensão. É um trabalho muito rico e que propõe muitas questões a serem pensadas.

Cândida Sé Holovko é uma colega muitíssimo envolvida com as questões do feminino, pois tem uma fortíssima atuação na Women and Psychoanalysis Commitee (COWAP), o Comitê de Mulheres da International Psychoanalytical Association, o que já a colocava como pessoa fundamental para tomar parte neste livro.

Anne Lise é uma colega que trabalha com crianças e famílias, com longa experiência nesse campo na Itália e no Brasil, e traz, para falar do tema, suas vivências no atendimento de uma menina.

Gisele Gobbetti traz uma inversão de perspectiva ao focar a violência *da* mulher, e não *contra a* mulher, na sua imensa experiência de atendimentos de famílias incestuosas no Centro de Estudos e Atendimento Relativos ao Abuso Sexual (CEARAS) do Instituto Oscar Freire da Faculdade de Medicina da Universidade de São Paulo (FMUSP).

Espero que essas palavras de apresentação do livro e seus autores possam estimular nossos leitores e leitoras a manter um estado mental de dúvidas e incertezas, suportando a multiplicidade de pensamentos que certamente lhes irão ocorrer. Surgindo, então, esse diálogo criativo entre todos, o livro terá alcançado seu objetivo maior: além de propor luzes muito significativas sobre o assunto, também propor o nascimento de novas e melhores perguntas sobre esse tema "matriz" tão fundamental.

Conteúdo

1. Sobre o feminino — 13
   Claudio Castelo Filho

2. Violência ao feminino — 49
   Cândida Sé Holovko

3. Uma janela com vista — 75
   Anne Lise di Moise Silveira Scappaticci

4. Violência feminina: as mães na dinâmica incestuosa — 97
   Gisele Gobbetti

5. Sobre mistérios e segredos — 111
   Renato Trachtenberg

6. O que querem os homens? — 133
   Maria Luiza Lana Mattos Salomão

7. Conversando com a neta ... 157
   Ana Maria Stucchi Vannucchi

8. Matrioskas ... 177
   Maria Helena Fontes

Sobre os autores ... 187

1. Sobre o feminino

Claudio Castelo Filho

Este capítulo se desenvolveu a partir de um convite que recebi para fazer uma conferência sobre o tema em uma exposição de pinturas em acrílica sobre tela de minha autoria que ocorreu no início de 2016, porque a figura feminina tem sido um dos principais temas de meu trabalho pictórico, que se desenvolve em paralelo ao meu ofício como psicanalista, professor, pesquisador e escritor de livros e artigos científicos. Queriam que eu discorresse, enquanto psicanalista e artista, sobre o tema que ocupava a maioria de minhas telas. A conferência que proferi na ocasião teve como público principal um grupo de empresárias e o espaço expositivo foi proporcionado por uma destacada mulher de negócios do campo da moda feminina, Eliana Mortari. A curadoria da exposição também foi feita por uma competente *marchand*, a colega psicanalista Adriana Cruz Storte Pollara.

Minha pintura sempre teve como motivo principal a figura feminina. Penso que os estímulos vindos de minha mãe, babá e avós foram pedras angulares nessa prevalência. Tanto para recriar os lindos desenhos de minha mãe quanto os fabulosos mundos oníricos e feéricos dos contos de fadas que foram contados ou lidos para mim e meus irmãos.

Valendo-me de um "jargão" psicanalítico, minha pintura, com esse destaque para a presença da figura feminina, estaria associada à preservação do seio (que é um atributo psíquico da mãe) assim como à restauração constante dele. Conforme o que postularam Melanie Klein e Hanna Segal,[1] é fundamental, para toda atividade criativa, dispor de um "seio bom" internalizado (desenvolvo melhor essa ideia adiante).

A babá, uma negra baiana neta de escravos chamada Hermelinda (devia ser parente de Hermes, o mensageiro dos deuses), minha "segunda mãe" (e de minha mãe, pois quando ela nasceu Hermelinda já trabalhava na casa de meus avós) passou boa parte de minha infância narrando contos de fadas, para mim, meus irmãos e primos, tal como Sherazade das *Mil e uma noites*, pois as narrativas se arrastavam por dias antes de chegarem ao final, ficando sempre o suspense, em que príncipes e princesas comiam o pão que o diabo amassou, tecendo tapetes de urtiga, sendo enterrados vivos, transformados em cisnes e coisas similares, antes que se chegasse a um final espetacular e feliz. Invariavelmente, tudo terminava num casamento colossal, com festas que duravam sete dias e sete noites. Ela dizia que tinha comparecido a elas e recebido inúmeros regalos dos anfitriões, muitos presentes e doces que nos traria. No caminho de volta, carregando todos eles, escorregava na "Ladeira do Quiabo" e tudo se perdia (na minha mente tudo caía num riacho e era levado pelas águas), para meu desalento e de meus irmãos.

---

[1] Melanie Klein (1882-1960) é a mais importante e relevante autora psicanalista até os dias atuais, nascida na Áustria e falecida em Londres, onde sua obra acabou tendo um impacto profundo e fundamental no desenvolvimento da psicanálise. Hanna Segal (1918-2011) foi uma importantíssima seguidora de Klein e produziu uma obra de enorme relevância.

Sempre perguntávamos por que ela não tinha corrido para recuperar tudo, mas sempre em vão.

Já minha mãe nos brindava com livros ilustrados dos irmãos Grimm, de Charles Perrault ou de Andersen, com suas princesas frágeis, rainhas imponentes, dragões, anões misteriosos, bruxas malvadas e cavaleiros valentes. Ela também produzia belos desenhos de perfis e rostos de mulheres que eu tanto admirava e tentava fazer igual. Ela tinha pensado em seguir as artes plásticas, mas acabou se formando enfermeira, depois psicóloga e psicanalista na Sociedade Brasileira de Psicanálise de São Paulo, e deixou os desenhos de lado.

Essas narrativas mágicas estão de alguma forma presentes em minhas pinturas, com mulheres impactantes e arrebatadoras ocupando a cena principal. Há cenários fabulosos e míticos que aparecem em parte dos meus trabalhos, contrastando com os de outros em que surge a vida do cotidiano ou de viagens de pessoas (mulheres) comuns, que têm sido mais habituais em meus trabalhos mais recentes.

Em numerosas pinturas, contudo, figuras femininas surgem em ambientes de proporções extraordinárias ou muito suntuosos, inspirados nas salas do Louvre ou de Versalhes, e também nos filmes de Luchino Visconti, com suas mulheres belíssimas e sofisticadíssimas quase sempre envolvidas por muitos véus e tecidos preciosos em estonteantes filmes de época como *O leopardo* e *Morte em Veneza*.[2]

---

2 Em Visconti é evidente a tentativa de recriar em seus filmes sua mãe, duquesa de Grazzano, falecida nos anos 1920 de tuberculose. Era de origem burguesa, mas muito rica, da família Erba (dos laboratórios farmacêuticos); havia sido pedida em casamento pelo rei da Sérvia e recusou, e finalmente casou-se com o duque de Grazzano, da família Visconti, uma das mais nobres de Milão e da Itália. Para mim, sempre conjeturo que parte de minha produção artística tem relação com a possibilidade de recuperar um mundo fabuloso que se perdia a

Outra fonte de inspiração vem da literatura e da descrição de mulheres fascinantes como a duquesa de Guermantes ou Odette de Crécy, de *Em busca do tempo perdido* de Proust (1954), das protagonistas extraordinárias de Maupassant, de Machado de Assis, de Eça de Queiroz, de Tolstói – sendo Ana Karênina (Tolstói, 1877/1971) a mais emblemática, sem falar da encantadora Natasha de *Guerra e paz* (Tolstói, 1869/1972) – e, não menos importante, ou mais do que todas elas, a minha esposa, que serve de modelo para muitos de meus quadros. Ressalto, no entanto, a produção de uma mulher e suas personagens impactantes: a grande escritora americana Edith Wharton – cujo romance mais famoso é *A era da inocência*, que Martin Scorsese transpôs num filme belíssimo com Michelle Pfeiffer e Daniel Day-Lewis –, de quem li praticamente todos os seus romances extraordinários.[3]

---

cada escorregada que a babá dava na famigerada "Ladeira do Quiabo" e do mundo quimérico que me era trazido por minha mãe e os livros de contos de fada que ela fornecia, além de seus belos desenhos.

3 Infelizmente a maioria deles não foi traduzida para o português. Quem puder, leia seus grandes romances e contos. Tenho particular admiração por *The Custom of the Country*, um dos mais bem feitos "tratados" sobre a inveja que já li – na verdade um belíssimo romance que nos faz ter acesso a dimensões da mente humana que dificilmente encontramos em numerosos trabalhos científicos sobre o tema –, pelo fantástico *Twilight Sleep*, que poderia ser traduzido como sono crepuscular, mas na verdade é o nome de um gás que se dava a parturientes no início do século XX para que não sentissem as dores do parto (descobriu-se depois que produzia danos neurológicos graves aos bebês gestados). O livro não trata de partos ou de bebês lesionados, mas o nome serve como analogia para as situações vividas em uma família das altas rodas nova-iorquinas no início dos anos 1920, sobretudo das relações de uma mãe com sua filha. Há ainda o derradeiro e inacabado *The Buccaneers*, sobre herdeiras de famílias *nouveaux-riches* americanas de meados do século XIX que são levadas para a Inglaterra em busca de aristocratas necessitados de dinheiro para polirem seus brasões, os quais, com os casamentos que viessem a se realizar, elevariam a situação social das moças e de suas famílias por meio dessas alianças. Wharton escreve de uma maneira que torna praticamente impossível abandonar um de seus livros após a leitura de dois ou três

A Night to Remember. **Claudio Castelo Filho. Acrílica sobre tela, 40 cm x 30 cm, 2013. Coleção particular.**

Wharton foi uma moça nascida em uma tradicional e rica família nova-iorquina do final do século XIX, criada para casar-se e ser uma grande dama com as funções de cuidar da casa, dos filhos, estar em jantares e cerimônias em que servisse de ornamento para o marido. Teve uma esmerada educação por tutores tanto nos Estados Unidos quanto na Europa, onde sua família viveu por seis anos. Casou-se com o milionário Edward Wharton, porém foi infeliz no matrimônio. Desde cedo revelou seu pendor a ser escritora.

---

parágrafos. Depois de começados, passamos a devorá-los de tão bons e instigantes que são e, quando os terminamos, ficamos ansiando por mais e lamentando muito o término. Saliento também a influência que tive da obra de Madame de La Fayette, *La Princesse de Clèves*, e das *Lettres* de Madame de Sévigné para sua filha, Madame de Grignan.

Seu primeiro grande romance, publicado em 1905, *The House of Mirth*, teve um razoável sucesso. Seis anos depois publicou *Ethan Frome*, que solidificou sua reputação como autora. Em 1913, não hesitou em escandalizar o seu círculo e divorciou-se, mudando para a França, onde viveu por grande parte de sua vida até morrer. Tornou-se, juntamente com seu amigo e mentor, Henry James, uma Proust americana, ganhando o prêmio Pulitzer por *The Age of Innocence* e tornando-se a primeira mulher a receber – no início do século XX!!! – um milhão de dólares por uma obra publicada! Na França, durante a I Guerra Mundial, colaborou no cuidado de feridos dessa monstruosa carnificina. Todavia, a despeito de radicar-se na Europa, sua obra sempre girou em torno da alta sociedade nova-iorquina, por meio da qual ela descreveu aspectos universais de organizações sociais e captou profundamente questões psíquicas da mais alta relevância, descrevendo-as de maneira única.[4]

Voltando à duquesa de Guermantes de Proust e de como o personagem evolui ao longo do colossal romance *Em busca do tempo*

---

4 No que tange ao universo feminino tenho em mente também as escritoras Lygia Fagundes Telles, Clarice Lispector e, mais recentemente, ocupando-se da intimidade da mulher, a obra eletrizante de Elena Ferrante. Possivelmente para forte objeção de muitas leitoras, não tive maior simpatia pelo que li de Simone de Beauvoir, sobretudo por conta de seu livro *Os mandarins* (Beauvoir, 1954). Uma grande violência perpassa seu escrito, parecendo haver uma rejeição brutal do aspecto maternal e do seio que alimenta e provê, a despeito do personagem principal, seu alterego, apresentar-se como psicanalista de crianças! Também considero que há muitos cacoetes de escrita em sua narração. A atribuição de características pouco louváveis de Sartre que ela transferiu ao personagem que seria associado ao então amigo Camus, que levou à ruptura desse último com o casal, a negação consciente confessada nesse livro das atrocidades de Stálin em prol dos interesses do Partido Comunista Francês pelos personagens que correspondiam a ela mesma e a Sartre e a exposição da intimidade de seu amante americano que inspirou de modo pouco disfarçado a obra que o deixou com horror a ela também me mobilizaram negativamente. Os maus modos e a arrogância do casal quando de sua vinda ao Brasil, igualmente.

perdido no olhar do narrador Marcel, ocorre-me um paralelo com a evolução que pode ocorrer na mente de um bebê ao olhar o seio, a mãe, do início idealizado dos primeiros contatos até a percepção mais realista da vida madura. No começo do romance, ela era uma figura mitológica, praticamente irreal, fantástica, que durante cerimônias de casamento ou batizados na igreja de Combray, quando ainda usava o título de princesa dos Laumes, era percebida como algo próximo a uma miragem, que descia diretamente dos vitrais da igreja, pairava flutuando sobre o piso. Em seguida, quando o narrador é um jovem vizinho da duquesa em Paris, ele a vê como uma inalcançável e idealizada dama da altíssima sociedade, cujos círculos ansiava poder frequentar. Quando é chamado pela primeira vez à sua casa, surpreende-se que os convidados daquela dama, cuja situação no topo do estrato social parecia não ter rivais, bebiam suco de laranja e não néctar dos deuses olímpicos. Em *O tempo redescoberto*, encontrando-a após algum tempo e em idade madura numa festa da nova princesa de Guermantes, ao se aproximar dele, ela o chama de seu mais velho amigo. Ele, então, dá-se conta de que ela era uma mulher como tantas outras, a despeito da profusão de joias que a cobriam.

O seio, como percebeu a grande psicanalista Melanie Klein a partir de seu trabalho primoroso com crianças (que ela foi a primeira a exercer), seria mais importante do que o pênis, como pensava e formulou Frank Julian Philips,[5] diversamente do que pensou Freud. Para mim, não obstante a evidente primazia do seio,[6] eles são complementares. O seio e o pênis representam *fun-*

---

5 Analista didata e um dos fundadores da Sociedade Brasileira de Psicanálise de São Paulo. Foi analisado por Klein e depois por Wilfred Bion, tornando-se amigo dele após o término de sua análise. Também era membro da British Psychoanalytical Society.
6 É notoriamente conhecido por pessoas que trabalham com pacientes em estados terminais que eles costumam clamar pela mãe nos seus últimos momentos.

ções mentais,[7] e como tais aqui estão sendo considerados. A mãe e o *rêverie* da mãe, como denominou outro gênio da psicanálise, Wilfred Bion, ele próprio também analisado por Melanie Klein, é a relação mais importante para o desenvolvimento da capacidade de pensar de qualquer indivíduo.

Klein postulou que, no início de nossas vidas como bebês, nosso equipamento mental é muito pouco desenvolvido. Tal como nosso trato digestivo, que não é capaz de digerir alimentos, salvo aqueles que de alguma forma já foram digeridos e transformados pela mãe em forma de leite, nossa mente também precisaria da mãe (ou das funções maternas) para transformar nossas vivências emocionais, sobretudo as frustrações inevitáveis da vida desde seus primórdios e as experiências emocionais a elas associadas, em algo que possa ser "palatável", digerível e assimilável. Aquilo que não podemos assimilar mentalmente é, da mesma forma que os alimentos materiais, vomitado ou evacuado, por meio de algo que ela denominou de identificações projetivas.

Identificações projetivas ("Notes on Some Schizoid Mechanisms", Klein, 1946/1980) são vivências emocionais associadas a experiências intoleráveis para os bebês, ou para qualquer pessoa adulta que não tenha suficiente desenvolvimento e espaço mental para abarcá-las e assimilá-las. Em outras palavras, todas as percepções de estímulos internos (incluindo os que informam os órgãos dos sentidos e as emoções associadas ao que evidenciam) ou externos que são vivenciados como insuportáveis ou inaceitáveis para o bebê ou o indivíduo em situações em que as vivências ultrapassem as capacidades de processar seu impacto são "moídas" na mente do bebê (ou do adulto) e, juntamente com os aspectos do aparelho perceptivo e mental que entram em contato com elas, são ejetados, em fantasia onipotente, para fora do *self* e projetadas no ambiente.

---

7 Ou elos de ligação, como assinalou Bion em "Transformations" (Bion, 1977a).

Dessa forma, aspectos da própria personalidade (ego) são excindidos e projetados no ambiente ou em algum depositário nele. O ambiente ou o depositário, em geral quem estiver mais próximo, fica permeado por essas vivências e aspectos da personalidade do indivíduo que os expeliu, sem que ele se dê conta disso. Segundo Klein, os aspectos do ego do bebê que "invadem" em fantasia o objeto que o circunda, em geral a mãe, teriam a meta de controlar o objeto (mãe/seio) desde dentro dele, para obter tudo o que dele necessita e para borrar as distinções entre o eu e o não eu, tão difíceis de tolerar quando se é desvalido como um pequeno bebê, que depende de forma vital de quem dele se ocupa.

Uma das funções da identificação projetiva é de proteção primitiva para a mente. A fantasia de que o objeto externo do qual o bebê depende para sobreviver está sob seu controle e pode não se distinguir de si mesmo (a mãe, o seio ou o que é sentido necessário ou do que se depende passando a não mais se distinguir, numa dimensão fantástica, do próprio bebê, que dessa forma, pelo menos momentaneamente, poderia sentir-se menos à mercê dos eventos e de sua condição desamparada, pois os recursos da mãe/seio passam a ser dele ou controlados por ele) pode ter a capacidade de confortá-lo diante de vivências terroríficas. Da mesma forma, partes de si mesmo que são sentidas como ameaças que vêm de dentro e com as quais não se vê com recursos para enfrentar são como que expulsas de dentro de si e passam a ser vistas como sendo parte do ambiente (a ameaça invisível, intolerável e inescapável que vem de dentro passa a ser percebida como vindo de fora e adquire uma forma – o "inimigo" torna-se "visível" e poderia, desse modo, ser "enfrentado"; essa defesa está na origem da paranoia e, por conta disso, Melanie Klein denominou esse período inicial da vida e o funcionamento mental a ele associado de posição esquizoparanoide).[8]

---

8 Posteriormente verificou-se que nossas mentes sempre podem operar de for-

Enquanto se tem uma mãe ou pessoas adultas capazes de cuidar efetivamente do bebê, os quais até se deixam "manipular" pelas ações correspondentes a essa fantasia onipotente que é a identificação projetiva, atendendo a necessidade que acaba sendo verificada pela estimulação de reações emocionais que as ações do bebê mobilizam na mãe ou responsável para atendê-lo, tudo vai bem. O problema ocorre quando não se é mais um bebê e esse modo de proteção mental permanece como *modus operandi* prevalente sem alteração ou substituição. Quando não se é mais um bebê e não se dispõe mais de mãe ou de outros adultos que possam cuidar de si, o uso recorrente e predominante desse modo de operar mentalmente torna-se um considerável problema, da mesma forma que armaduras foram um instrumento de grande valor na Idade Média para sobrevivência, mas se tornariam um considerável estorvo ou ameaça à mesma sobrevivência se deixassem de ser objetos de museu e fossem utilizadas por soldados nas guerras atuais.

Valho-me de dois exemplos dramáticos de minha clínica, de antigos atendimentos.

Uma pessoa com quase 60 anos de idade apresentava-se constantemente como alguém tão desvalido quanto um bebê ou criancinha pequena. Tentava produzir (inconscientemente) em mim, e certamente nos ambientes em seu entorno, um sentimento de culpa e dívida moral para com ela, que por ser "tão desvalida" implicaria, segundo sua fantasia inconsciente, a obrigação de terceiros de "adotá-la" e cuidar dela. Tal modo de funcionar teria uma razoável eficácia caso se tratasse de um bebê de fato, mas, mantendo-se em

---

ma esquizoparanoide quando uma situação estressante ultrapassa nossa condição de elaborá-la. Bion propôs a relevância de uma oscilação constante de posição esquizoparanoide para depressiva e vice-versa como uma condição fundamental para o crescimento da psique, mas essa é uma história que não vou desenvolver aqui e deixo a recomendação para quem possa se interessar que leia seu livro *O aprender com a experiência* (1977a).

um adulto maduro, a reação do grupo em que se encontra costuma ser de alguma boa vontade em um primeiro momento, para depois tornar-se de aversão e hostilidade diante de alguém que é sentido como um parasita ou peso morto. Cabe ao analista mostrar ao analisando a necessidade de ele desenvolver métodos mais favoráveis para a vida do que a permanência na crença da eficácia dessas manipulações inconscientes (até serem desveladas) por meio de identificações projetivas.

O outro ocorreu com um analisando que também relatava muitas dificuldades com seus familiares e da injustiça que sofria de parentes próximos, visto que se dispunham de boa vontade a ajudar sua irmã, mas não a ele.

Ele era muito rude no trato e muitas vezes sem qualquer capacidade de reconhecer qualquer coisa que se fazia por ele, o que não deixava muito difícil perceber o porquê de seus familiares não se colocarem disponíveis para ele.

Em um determinado ponto de sua análise teve um grave revés de saúde que o levou a ser operado e o obrigou a parar de trabalhar por algum tempo. Podendo retornar ao consultório para os atendimentos, pediu que, temporariamente, eu o ajudasse com os honorários para que não interrompesse o atendimento. Anuí em fazer uma redução momentânea do valor que lhe cobrava até que se recompusesse. Ele tinha uma atividade muito rentável e isso logo seria possível. Dois meses depois já estava de novo a pleno vapor nos seus ganhos e eu lhe disse que precisávamos voltar ao valor que lhe cobrava anteriormente à sua crise de saúde. Ele enfureceu-se e gritou que eu era um miserável avarento, que estava lhe fazendo um aumento muito maior do que a inflação do momento. Eu o informei que apenas estava voltando ao valor que havíamos combinado desde o início, que fora reduzido para auxiliá-lo em um momento difícil que havia passado. Enfureceu-se e acusou-me de mesquinhez, avareza e crueldade, sem a menor capacidade, naquele momento, de reconhecer a ajuda que recebera. Além do mais, atribuiu-me todos os aspectos de personalidade que eram dele, e que lhe causavam tantas dificuldades e hostilidades de que se queixava na vida. O reconhecimento de sua própria violência, ingratidão e mesquinhez, vindo a ocorrer, o levaria ao que Melanie Klein chamou de posição depressiva, em que o bebê se dá conta de ataques violentos que desfere contra o seio gratificante enquanto o percebia como objeto frustrante e persecutório, que não existe para atender todas as suas expectativas e, por seguinte, nesse estado de mente esquizoparanoide mantido para evitar a depressão que articula as percepções, é visto como um vilão.

A posição depressiva se estabeleceria no momento em que o bebê percebesse que a mãe/seio frustrante que não o atende sempre que necessita ou demanda é também a mesma adorada e gratificante de outros momentos. Seria equivalente, num conto de fadas, à verificação de que a bruxa malvada que se tenta destruir e matar, ou foi muito machucada ou destruída na fúria desferida contra ela quando vista como bruxa, é também a fada boa e adorada de quem tanto se recebe ajuda, se depende e necessita. A dor de se ver responsável por tal estrago e pela própria violência interna, às vezes de natureza constitucional muito contundente, leva alguns indivíduos a não suportarem a vivência da posição depressiva, visto que a culpa que experimentariam seria sentida como intolerável e imperdoável. A intolerância que também têm em relação às limitações de terceiros é diretamente proporcional à intolerância que têm em relação a si mesmos, da qual não podem se dar conta sem que isso possa desencadear uma truculenta ação contra si próprios ou contra tudo que possa lhes pôr em contato com tal realidade.

Por outro lado, a vivência da posição depressiva, podendo ser tolerada, leva-nos a sentir culpa, remorso e consideração pelos objetos (seio/mãe, o reconhecimento do outro enquanto alteridade) e ao anseio de restaurar ou reparar os seios (a mãe) danificados e atacados, o que está na origem de todo desenvolvimento criativo e do relacionamento verdadeiramente amoroso com os demais, pois passa a ter efetiva consideração por eles. Isso é possível quando, diante dos sentimentos de culpa e remorso, houver também o sentimento de compaixão (por si mesmo) que viabiliza o aprender com a experiência (uma mãe que possa ter compaixão pelas suas próprias limitações e as de seu bebê também é fundamental para que esse sentimento possa prosperar no bebê, em relação a si mesmo e aos outros, como os próprios pais, que nunca poderão corresponder plenamente aos seus anseios).[9]

---

9 Tenho em mente uma analisanda de muitos anos atrás que, ao ter sua filhinha, viu-se muito aflita por não se perceber como a mãe ideal que considerava que deveria ser. Diante de uma situação de exaustão nos cuidados com o pequeno bebê, acusava-se de forma inclemente de insuficiência e incapacidade. Sentia-se extremamente culpada ao ver-se esgotada e com raiva de seu rebento após uma noite mal dormida e estafante. Sugeri que seria mais favorável para ela e para o seu bebê se pudesse aceitar o cansaço e o ódio que experimentava pela filha por conta da situação difícil e que também a privava de outras satisfações da vida impossíveis de serem vividas quando se tem um recém-nascido em casa, do que se esforçar para eliminar esses sentimentos de seu relacionamento com ela. Era importante que o ódio e o ressentimento devido à situação cansativa e frustrante também pudessem caber na mente de ambas. A exigência de só haver amor e disponibilidade ajuda na constituição de um superego violento e intolerante, que aspira ao ideal, e produz um modelo de funcionamento mental, também para a filha, em que não há lugar para a hostilidade (não usei termos como superego com a analisanda, mas resumo minha ideia escrevendo dessa forma aqui). Disse-lhe que poderia ser útil, quando se sentisse exausta e tivesse a vontade de se livrar da filha, que chamasse sua empregada ou sua mãe, para que ficasse com o bebê até que se visse restabelecida nas condições de dar-lhe atenção. O reconhecimento e a aceitação de limitações também seria fundamental para um desenvolvimento de compaixão humana em sua própria filha, senão ela "veria", intuiria inconscientemente que, para a mãe, não há lugar para a aceitação e o respeito de limites e para a real condição humana, que isso seria um "defeito". Ser uma mãe real pode ser muito mais útil do que

Esses dois exemplos muito extremados do uso de identificações projetivas excessivas deixam claro como funciona esse mecanismo de defesa, característico da posição esquizoparanoide.

Como mencionei anteriormente, uma das fantasias associadas à identificação projetiva seria a de poder se projetar no interior do objeto invadido e controlá-lo de dentro, para obter tudo o que dele necessitasse. Ao fazer isso, contudo, o indivíduo perde o discernimento do que é ele e do que é o outro, do que é dele e do que é do ambiente. Também passa a sentir-se perseguido pelos aspectos de sua própria personalidade que expulsou por serem capazes de revelar a realidade frustrante e intolerável, os quais, por sua vez, revoltados por terem sido rejeitados, tentam voltar para dentro de quem os expulsou, quase sempre de forma rancorosa e vingativa, fomentando a paranoia. A expulsão de si mesmo daquilo que percebe e não tolera e do equipamento usado para perceber (as funções dos órgãos dos sentidos, da consciência e do equipamento mental que reconhece o percebido e poderia pensá-lo) leva o indivíduo a sentir-se extremamente empobrecido e sem recursos para lidar com o que a vida continua a lhe apresentar, mesmo que se recuse, por esses modos, a reconhecer a existência do que lhe chega. Por isso é fundamental que possa desenvolver outra maneira de lidar com a realidade que não seja por mecanismos esquizoparanoides, ampliando sua condição para lidar com adversidades, sentimentos penosos associados a elas, sentimentos prazerosos que também podem ser sentidos como insustentáveis e sem continente possível se as condições de acolhimento mentais para essas vivências forem tênues.

Identificação projetiva é um modo normal de funcionamento de um bebê. Em um adulto em que permaneça prevalente (todos

---

se esforçar para ser uma mãe ideal que, por sua vez, é potencialmente muito mais deletério.

nós fazemos eventualmente identificações projetivas, sobretudo em momentos de maior *stress*), revela-se a psicose.

Ao ser postulado o mecanismo de identificação projetiva, este foi considerado como um modo primitivo e de características marcadamente patológicas de funcionamento mental, sobretudo se ultrapassasse, como funcionamento corriqueiro, os primeiros meses de vida na sua utilização.

Wilfred Bion, o genial psicanalista britânico que foi analisando de Klein e "mamou" com afinco na experiência que teve com ela e nos seus escritos, pôde verificar que identificações projetivas, quando não excessivas, funcionam como um método de comunicação, de protopensamentos que, não podendo ser assimilados e desenvolvidos pelos bebês (ou adultos quando em dificuldades), buscam uma mente que possa pensá-los. Pensamentos em busca de um pensador – ele propôs a elaboração de uma captação intuitiva (de "concreto" para representação abstrata) mental: contido –, em busca de continente em "Learning from Experience" (1962) e em Elements of Psychoanalysis (1963), Bion, 1977.

O bebê não se tornará psicótico se tiver uma personalidade suficientemente capaz de tolerar algum nível de frustração e puder contar com recursos mentais daqueles que cuidam dele. Aqueles muito intolerantes à frustração e muito invejosos por natureza tendem a se tornar esquizofrênicos, pois, mesmo que encontrem uma mãe ou pessoas capazes de funcionar favoravelmente e de *rêverie*, tendem a atacar, por conta da inveja, as próprias capacidades de que tanto necessitam e aqueles que as possuam. Para não se tornarem bebês ou adultos perturbados, os que têm alguma condição de tolerar frustração precisam contar com uma mãe ou um adulto capaz de exercer as funções (mentais) maternas.

Da mesma forma que ocorre com alimentos como carne, legumes, frutos etc., que são digeridos pela mãe e transformados em leite que pode ser assimilado pelo bebê e, pouco a pouco, essa alimentação ajuda no desenvolvimento do seu aparelho digestivo, que se torna apto para absorver alimentos mais sólidos, transformando-os em proteínas, vitaminas etc., necessários para a manutenção e crescimento do organismo, as experiências emocionais que, no início, conforme propõe Wilfred Bion, são sentidas como coisas concretas não discerníveis de fatos concretos, sólidos, os quais ele chamou de elementos beta, necessitam ser "digeridas" pela mente da mãe. Assim, tornam-se assimiláveis pela mente menos desenvolvida do bebê, quando transformados em elementos abstratos, simbólicos, passíveis de ser sonhados, que Bion denominou de elementos alfa, numa operação mental exercida pela mãe (ou quem for capaz), a qual ele chamou de *rêverie*. O *rêverie*, por sua vez, permite o surgimento da função alfa, proposta por Bion, que transforma os elementos "concretos" beta em representações não mais iguais a elas mesmas que podem ser usadas para simbolizar infinitas outras experiências, que são os elementos alfa, os quais podem ser articulados para produzir sonhos, pensamentos-sonho, pensamentos, mitos etc.

Em outros termos, a mãe pensa os pensamentos que o filho não pode pensar. Quando o bebê recebe de volta aquilo que para ele foi vivido como insuportável e, por conseguinte, ejetado para dentro da mãe/seio para que ela se houvesse com isso (identificação projetiva), transformado pela capacidade de amar e processar aquilo que não pode ser assimilado pelo filho, de uma forma tolerável para seu equipamento mental incipiente, ele introjeta de volta a experiência, antes concreta, agora acrescida de significado emocional e de natureza propriamente mental, e desenvolve-se com isso, podendo, dessa maneira, expandir o próprio equipamento mental. Ele assimila e desenvolve dentro dele a capacidade para absorver o que até então não era possível, tornando-se capaz de digerir e processar vivências antes intoleráveis. Torna-se capaz de pensar os pensamentos. Em outras palavras, introjeta, na linguagem de Klein, ou desenvolve o (seu próprio) seio e suas funções de acolhimento e digestão mental. Aquilo que no início se faz da mente do bebê para a mente da mãe e da mente da mãe para a mente do bebê passa a acontecer intrapsiquicamente – o indivíduo que "introjetou"[10] o seio, ou desenvolveu o seu seio interno, passa a exercer dentro de si mesmo as funções que inicialmente eram feitas pela mãe. Ele torna-se capaz de "sonhar" (*rêverie*) as suas vivências emocionais e de pensá-las.

Se ele encontrar, quando bebê, uma mãe (ou alguém que faça as funções que ela poderia exercer) que seja capaz de suportar as intensas experiências emocionais que o contato com ele mobiliza nela, todo um mundo primevo e turbulento, intensamente emocional, e que seja capaz de amá-lo e por meio desse amor transformar experiências emocionais que são vividas como objetos concretos, não havendo distinção entre imaginação e fato (elementos beta), os quais, não digeridos ou assimilados, precisam ser evacuados ou vomitados por meio de identificações projetivas, terá alguém que lhe permitirá significar suas vivências, auxiliando-o a assimilá-las e a transformá-las em elementos pensáveis (elementos alfa, conforme Bion), que podem articular-se e que, combinando-se, produzem sonhos, pensamentos-sonhos, pensamentos, que são essenciais para o desenvolvimento saudável e robusto de qualquer indivíduo.

Os elementos beta só se prestariam a ser expelidos por meio de identificações projetivas. Sendo assimilados e transformados por meio do *rêverie* materno (ou de quem puder exercer essa função

---

10 Fica evidente um problema de linguagem, pois a de que dispomos é concreta para falar de algo que não o é. Tem de ser verificada como retratando uma experiência emocional (elementos alfa), e não propriamente a da introjeção efetiva de algo concreto (elemento beta).

psíquica, como é o caso do psicanalista quando em exercício de sua função), seriam transformados em elementos alfa, que seriam equivalentes a ideogramas, a imagens pictóricas que têm caráter simbólico: são representações e não mais se confundem com coisas em si. Com os elementos beta é o contrário: com eles não se distingue o que é pensamento, conjectura, imaginação, de fatos – o "pensamento" se confunde com a realidade última –, o que se pensa é idêntico ao que existe, um ponto de vista ou uma ideia sobre algo torna-se uma verdade inquestionável – não há dúvida –, o que caracteriza a psicose.

Uma maneira de se verificar a operação do *rêverie*, instintiva e natural, é a transformação de experiências apavorantes para os bebês ou criancinhas em músicas de ninar. Se repararem com atenção, todas elas têm narrativas assustadoras ("boi da cara preta", "a cuca vem pegar" etc.) transformadas pelo acalanto em vivências apaziguadoras e nomeadas. Os contos de fada também têm essa função. Bruxas malvadas e lobos terríveis são vencidos pelo amor e pela bondade. E, mais importante ainda, as experiências emocionais aterrorizadoras e impensáveis passam a ter nomeação e representação (lobo, bruxa, gigantes etc.), podendo, dessa forma, ser pensadas e elaboradas. A figura da mãe amorosa, boa, acolhedora, que é capaz de transformar o terror acachapante em algo suportável e pensável, está quase sempre representada e associada à da fada madrinha.

Na incapacidade do seio (função mental) de acolher experiências emocionais e processá-las para que o bebê possa reintrojetá-las após esse trabalho, costuma-se estabelecer um processo de progressiva perturbação e desorganização mental, podendo levar a sérios prejuízos no desenvolvimento psíquico ou mesmo à psicose. As identificações projetivas feitas do bebê para o seio (a mente de quem cuida dele) como as de um pavor de estar morrendo devido à sua condição natural de desamparo quando se vê em privação, não podendo ser acolhidas e digeridas pela mente da mãe ou de quem estiver na função materna (pode ser um homem que tenha acolhimento por esse aspecto "feminino" de sua psique), são repelidas pela mente que foi buscada para acolher as identificações projetivas e devolvidas para a mente do bebê sem a filtragem que delas tiraria o aspecto tóxico que pudesse torná-las toleráveis para o bebê, mas também acrescentadas pelo ódio e rejeição da mente que não pode acolhê-las. O medo de morrer torna-se um pavor sem nome – impensável e essencialmente disruptivo.

O *rêverie* não é uma função que se desenvolva por meio de obrigações morais ou por estudos teóricos. É uma capacidade que se desenvolve se houver uma cadeia de elos mentais em que uma geração possa propiciar isso à outra. Se a mãe não tiver isso desenvolvido nela, não haverá admoestações morais que possam construir tal função. No máximo, podem se desenvolver imitações dessa capacidade. Porém, imitações não servem de fato para elaborar experiências emocionais e podem mascarar o problema de tal forma que ele só fique evidente quando surge um colapso mental.

Quando um indivíduo procura um psicanalista, o faz por estar em busca de alguém que possa auxiliá-lo a desenvolver essa função pensante que não foi suficientemente desenvolvida no seu relacionamento com o seio, com os pais, por melhores que eles tenham sido. Quando a operação da função alfa deixa a desejar, a psicanálise seria um caminho (se não for *o* caminho) para que isso possa ocorrer. Uma outra possibilidade para que se possa sonhar os sonhos que não se pode sonhar sozinho são as artes – do teatro, do cinema, da pintura, da literatura etc. Contudo, na minha experiência de trabalho, mesmo tendo acesso a esses recursos, tanto o público quanto os próprios agentes das artes mais sensíveis e sagazes acabam, amiúde, recorrendo ao psicanalista para uma efetiva elaboração e digestão de experiências que ficam sem poder processar.[11]

O psicanalista, seja ele homem ou mulher, terá de se valer de sua feminilidade para exercer essa função – o *rêverie* – e estar apto a transformar experiências vividas em estado bruto em algo que possa ser assimilável, representável e, por conseguinte, pensável.

Freud postulou a bissexualidade de todos os seres humanos. A mente, para ser criativa, precisa ser bissexual, o que não implica uma bissexualidade morfológica ou fisiológica (a despeito de todos nós termos potencialmente as características de ambos os sexos na constituição, sendo diferenciados pela determinação genética prevalente, que leva ao desenvolvimento das características específicas de cada gênero e à atrofia e não desenvolvimento de outras).[12]

---

11 Neste ponto, revela-se a importância de que um psicanalista tenha tido uma formação realmente consistente e séria, com uma análise pessoal muito profunda e muito extensa, de modo a ter condição de ele mesmo entrar em contato com as dimensões mais primevas e perturbadoras de sua própria personalidade, sendo capaz de acolhê-las e pensá-las e, consequentemente, de assimilar e de auxiliar seus analisandos a digerir e significar as experiências emocionais deles e toda a turbulência emocional que eclode no consultório durante essa atividade.

12 Em diversas espécies de peixes ou de anfíbios, o sexo do animal pode ser mudado conforme as exigências do ambiente. Na falta de fêmeas para reprodução da espécie, machos transmutam-se em fêmeas, e vice-versa. Não coincidem as ideias de feminilidade e masculinidade com as de homossexualidade ou heterossexualidade. A grande maioria dos homossexuais masculinos não se veem como mulheres frustradas ou tampouco femininos. Homossexuais afeminados não correspondem à maioria dos homossexuais, muitos deles com características muito masculinas e mesmo guerreiras (grandes generais da Antiguidade e mesmo imperadores, como Júlio Cesar, Tibério e Adriano, de Roma, e o rei Frederico, o Grande, da Prússia, assim como os atores viris Marlon Brando e Rock Hudson, o jogador de rúgbi galês Gareth Thomas e o campeão olímpico de natação Ian Thorpe, para ficarmos nos mais conhecidos, foram ou são homossexuais ou bissexuais nas suas práticas eróticas). Por conta das opressões sociais, a imensa maioria dos homossexuais e bissexuais (no

Todo analista, para poder auxiliar seus analisandos, precisa ser bissexual no *exercício de suas funções mentais*. Um homem, tanto quanto uma mulher, precisa se deixar penetrar (mentalmente) pela experiência que ocorre na sala com seu analisando, precisa ser capaz de conter aquilo que o penetra e de gestar o que entrou em sua mente. Somente com isso poderá trazer à luz algo que terá *intuído* – o que está sempre associado ao feminino, ao mundo interno, a enxergar o invisível, a realidade psíquica não sensorial, que é o que interessa ser captado pelo analista. Somente após essa "fase feminina" poderá formular algo que precisaria ser assertivo e penetrante como um pênis potente, para "penetrar" na

---

sentido de se sentirem atraídos e se relacionarem com homens e com mulheres), tanto masculinos como femininos, costuma ser casada, tem filhos e tem suas práticas na clandestinidade, e a maior parte de seus conhecidos não sabe a seu respeito, como Eleanor Roosevelt, mulher do ex-presidente americano Franklin Rooselvelt. Há também muitos homens notoriamente femininos ou mesmo afeminados que não são homossexuais. Da mesma forma que a grande maioria das homossexuais femininas não são masculinizadas (como as atrizes Portia de Rossi, Angelina Jolie, assumidamente bissexual, e Jodie Foster) e nem toda mulher "masculinizada" é homossexual. As questões de transexuais e transgêneros também são bem mais complexas do que uma correlação macho-fêmea, masculino-feminino. Há transexuais ou transgêneros que mantêm a orientação do sexo original a despeito da mudança de fenótipo. Também considero ser uma mitologia a perfeita coincidência de homossexualidade masculina com sensibilidade e criatividade. O campo das artes costuma ser menos hostil socialmente para os homossexuais e, sendo assim, eles tendem a ficar mais visíveis nessas áreas. Porém nem todo artista ou pessoa criativa é homossexual e nem todo homossexual tem disponível aquilo que estou chamando de aspectos femininos da mente. Como já mencionei antes, há homossexuais em todas as áreas, como atletas, executivos, engenheiros, militares etc., sem que tenham necessariamente desenvolvido o campo intuitivo associado à feminilidade. Em contrapartida, também existem muitos homens não homossexuais que têm desenvolvida a intuição, podendo se valer das porções femininas de suas mentes, seja nas artes ou no campo dos negócios. Para o exercício da psicanálise, seja qual for o sexo ou a orientação sexual, é fundamental haver um desenvolvimento dessas porções "femininas" da mente para que a intuição, tão fundamental nessa área, esteja disponível.

mente de seus pacientes, que, por sua vez, sejam homens ou mulheres, terão de desenvolver continência para seus aspectos femininos para serem capazes de se deixar penetrar por e gestar aquilo que o analista formulou.

Isso às vezes gera muitas dificuldades em pacientes homens que não sabem discernir o físico/concreto (elementos beta que se confundem com coisas em si), do mental (elementos alfa → sonhos → pensamentos-sonho → pensamentos = representações). O mesmo pode se dar com pacientes mulheres que podem sentir um pensamento ou ideia penetrante formulados como sendo algo tão concreto como um "pau"[13] e terem muita dificuldade para tolerar essa experiência.

A diferença entre algo "concreto" e uma "ideia" pode surgir com a análise e com o *rêverie* do analista, em que o concreto pode evoluir e passar a ter seu representante psíquico, sem mais precisar se confundirem. A penetração na relação analítica nunca pode ser física ou com ela se confundir na mente do analista. Caso isso ocorra, um desastre, uma verdadeira catástrofe equivalente ao incesto e ao abuso sexual de uma criança, terá lugar. A relação em análise tem essa característica sexual – masculino/feminino; penetração, gestação, parto –, porém ela tem de ser exclusivamente *mental*!

A indiferenciação entre físico e mental, entre concreto/coisa em si e representação é muito mais corriqueira do que se imagina. Numa situação em que a penetração de ideias na mente não é sentida como algo diverso de uma penetração física, e os analisandos em questão ficam muito assustados, o analista precisa reconhecer essa indiscriminação para ajudar seus clientes a fazerem esse discernimento.

---

13 A palavra pau, e não pênis, diz muito mais sobre a concretude e ameaça da experiência.

O feminino está associado ao mundo interno por uma questão anatômica. Freud achava que as mulheres eram invejosas do pênis porque as percebia como seres castrados, sem pênis. Eram seres incompletos. Um notável colega já falecido, dr. Yutaka Kubo,[14] dizia que Freud definia a mulher por aquilo que ela não tinha, e definir algo por aquilo que não tem é um ataque invejoso – inveja de Freud. Freud foi um grande gênio, mas também era um homem de sua época, a vitoriana, e não escapou de muitos preconceitos arraigados em sua época.

Melanie Klein, que ficou fascinada por Freud e por sua obra e analisou-se com dois de seus discípulos, Ferenczi e Abraham, foi quem fez uma virada nessa situação (Grosskurth, 1992). Viu o contrário de Freud, que considerava que não havia percepção da vagina nos primórdios. No que tange à vagina, ele a via mais como a cicatriz do local em que estaria o pênis, e o clitóris como uma espécie de pênis inferior e atrofiado. As meninas, segundo Freud, se veriam como seres a quem faltaria algo fundamental, o pênis, e não como diferentes, possuindo características diversas e outras ausentes nos homens. Os meninos e homens (como ele próprio) veriam as meninas e mulheres como seres mutilados. Haveria nos meninos uma total ignorância da existência vagina.[15] A percepção da

---

14 Analista didata da Sociedade Brasileira de Psicanálise de São Paulo (SBPSP).
15 Para Freud, as meninas também não teriam noção da existência da vagina e elas ficariam à espera do crescimento de um pênis, ou enfurecidas com suas mães por elas terem lhes privado de um, mas não reconhecendo a vagina como algo diferente do pênis. Tal como ele mesmo concebia, para elas também a vagina seria percebida apenas como uma cicatriz do local onde estaria o pênis. Ele considerava o clitóris como uma espécie de pseudopênis minúsculo e atrofiado, sem ter a noção e o conhecimento anatômico atuais de que internamente ele é equivalente em dimensões ao pênis. Ele considerava que uma mulher só se tornaria madura quando aceitasse a inferioridade do clitóris e abandonasse o erotismo clitoridiano em prol do vaginal. A compensação para a ausência de pênis nas mulheres viria para elas, de acordo com Freud, por meio da concepção de um *filho homem*. Como esclareço neste texto, foi uma mu-

diferença dos sexos surgiria na mente do menino somente quando houvesse a constatação da ausência de pênis observável nas meninas, e esta só seria cabalmente reconhecida ao serem confrontados com ameaças de castração associadas a atividades masturbatórias feitas por seus educadores e às vivências de conflito edípico com os pais. Mesmo quando isso ocorre, a concepção em relação à mulher seria a de um ser a quem falta o pênis, e não que possui outras características (o que, conforme o mencionado dr. Kubo, seria evidência da inveja de Freud em relação ao sexo feminino e a seus atributos, como os seios). As próprias meninas e mulheres, ainda segundo Freud, se veriam da mesma forma e desenvolveriam uma forte inveja do pênis (Grosskurth, 1992).[16]

Klein, no entanto, percebeu que já haveria nos seres humanos uma vivência do pênis e da vagina desde o início da vida, mesmo que suas concepções fossem imagens fantasiosas em nível inconsciente – ver os dois últimos capítulos do livro *Psicanálise de crianças* (Klein, 1932/1975). Haveria aquilo que Bion chamaria de uma pré-concepção inata do pênis e da vagina à espera de realizações na experiência de vida.

As mulheres já teriam desde o começo a percepção corporal da vagina como órgão receptivo, equivalente à boca, embaixo.

Para Freud, o superego é uma entidade mental que teorizou como sendo a origem do processo civilizatório nos seres humanos e decorrente da situação edípica em que o pai-lei-interdição é internalizado pelo menino em decorrência da repressão de seus

---

lher, Melanie Klein, que fez uma reviravolta na percepção limitada que Freud tinha a respeito das mulheres.
16 Tendo em vista a situação social das mulheres de sua época e mesmo as de muitas nos tempos atuais, não é à toa que teriam "inveja do pênis", o que pode ser visto como um anseio de ter as mesmas chances, oportunidades e liberdades na vida que só eram ou são acessíveis aos homens.

impulsos incestuosos dirigidos à mãe. Essa repressão se daria em função de seu temor de ser castrado pelo pai caso persista no seu intuito de ter a mãe como objeto sexual. Sendo assim, o menino, em vez de rivalizar com o pai, abre mão da mãe como objeto sexual para identificar-se com o pai. Dessa forma introjetaria sua figura e sua lei, dando origem ao superego e substituindo a mãe por outras como objeto sexual.

Freud considerava que as mulheres, por já serem "castradas", sem pênis, não teriam muito a perder e desenvolveriam um superego precário existente somente por temor à perda do amor dos pais. Porém, não temendo as consequências da castração, seriam sempre seres pouco civilizados e infantis, nunca se tornando equivalentes aos homens.

Melanie Klein verificou, a partir de seu trabalho com crianças pequenas e com adultos, além de levar em conta sua própria experiência como mulher, algo bem diverso. Percebeu que, sendo a vagina um órgão receptivo assim como a boca, a força das introjeções e assimilações por dois órgãos receptivos como a boca e a vagina seria muito maior nas meninas do que nos meninos. Sendo o superego resultante de introjeções de objetos, com os quais o ego se identifica desde o início da vida, e como nas meninas os objetos parciais e mais primitivos seriam muito mais intensamente assimilados, o superego das mulheres seria bem mais violento e cruel.

Como os órgãos genitais femininos são para dentro do corpo e implicam *receptividade*, o mundo da mulher é voltado para dentro e para o subjetivo. O feminino e o mistério estão associados. Receptividade não é a mesma coisa que passividade – e essa é outra diferença do vértice de Klein em relação ao de Freud. A mulher é receptiva, e não passiva.

Os meninos, ainda segundo Klein, tenderiam a ficar menos voltados para o mundo interior e subjetivo porque seus genitais estão para fora e, por conseguinte, teriam maior facilidade de verificar, pelo menos num nível "concreto", o estado de preservação deles. Não tendo também o canal de recepção que é a vagina, a boca que assimila embaixo, não ficariam tão assustados com o que possa ter "entrado" (em fantasia) e se instalado neles por essa via. As mulheres, por terem esse órgão receptivo que põe para dentro, assim como a boca, assimilariam muito mais que os homens, constituindo um mundo interno muito mais povoado e assustador do que o deles.

Todos os bebês têm fantasias violentas em relação a seus pais, sobretudo em relação à mãe, seu corpo, e ao seio, às suas capacidades e às coisas boas que ele contém, também com o intuito de roubar e se apoderar de suas riquezas. Os ataques feitos em fantasia ao seio e ao interior do corpo da mãe e ao pênis (ou muitos pênis que podem se confundir e ser igualados com bebês ou fezes e vice-versa) do pai dentro do corpo dela, tanto quanto os bebês que também estejam em seu interior e que, por rivalidade, ciúmes e inveja, tentam matar em fantasias onipotentes, resultam em vivências persecutórias de retaliação por parte do seio e de estragos fantasiados que o seio/mãe possa ter feito como revanche contra o bebê. Os meninos ficariam menos inquietos com o mundo interno, ou menos voltados para ele, porque seus genitais estão para fora, e de certa maneira se reasseguram ao conferi-los que maiores danos não se efetuaram em eventuais retaliações feitas pelo seio/mãe.

As meninas têm como complicador o fato de que os seus genitais e órgãos reprodutores estão para dentro do corpo, não tendo como fazer esse tipo de verificação de reasseguramento. Dessa maneira, ficam muito mais inquietas quanto ao estado em que seu interior está. Por isso é tão importante para as mulheres a menarca, a primeira relação sexual, e a qualidade que esta possa ter, e, principalmente, a concepção e o nascimento de bebês saudáveis, que seriam a maneira que teriam para desfazer as fantasias de terem tido seus interiores destruídos por ataques retaliadores feitos pelo seio/mãe como contrapartida aos ataques imaginários que teriam feito ao corpo de suas mães e dos pênis do pai e dos bebês que ele conteria. O nascimento de seus bebês seria uma forma importantíssima de se aliviarem do medo de estarem estragadas por dentro.

Esse mesmo medo, por sua vez, também contribui enormemente para a importância que as mulheres dão à sua aparência externa, às roupas, à vaidade e à arrumação de suas casas. Constitui-se assim um modo de tentarem se reassegurar e considerarem que, se o exterior está bonito e agradável, o interno corresponderia também a tal estado. A casa bem arrumada também representa o próprio corpo em bom estado assim como também representaria uma restauração do corpo da mãe que teria sido atacado em fantasias primitivas.

A grande desconfiança que haveria de uma mulher em relação à outra ou aquela que filhas costumam ter em relação às suas mães, sobretudo antes de se tornarem elas próprias mães e dessa maneira se reassegurarem de que suas mães não fizeram estragos reais em seus interiores, são decorrentes das fantasias primitivas inconscientes que estou abordando.[17] Decorrem do temor do que se encontra no interior de seus corpos e do que teria sido colocado neles durante os ataques violentos que teriam sido feitos em fantasias (quase sempre inconscientes) – resultantes do desamparo, da necessidade da mãe, do ciúme, da inveja da relação da mãe com o pai/pênis, e dos bebês que possam ser gerados nessa relação. Uma mulher desconfia da outra por temor do que possa estar contido no interior de cada uma delas, do mundo invisível temido em si mesmas.

---

17 Conforme Melanie Klein em "Notes on some schizoid mechanisms" (Klein, 1946/1980) ["Notas sobre alguns mecanismos esquizoides"] e nos referidos capítulos de *Psicanálise de crianças* (Klein, 1932/1975), entre outros textos.

O grande temor que os homens têm das mulheres também está ligado ao medo desse mundo interno e daquilo que também foi "colocado" (que eles mesmos colocaram) em fantasia dentro de seus corpos. Por isso as mulheres seriam tão temidas pelos homens e vistas como fontes de malefícios e bruxarias vindas de dimensões ocultas (de dentro de seus corpos e daquilo que foi colocado dentro deles) e precisariam, em função desses temores primitivos, ser subjugadas e controladas. O mundo do mistério, da mágica e do ocultismo estaria associado a essa dimensão do feminino e, por conta disso, o feminino também costuma ser associado ao dissimulado e ao perigo.

Grande parte do problema de impotência de muitos homens está associado ao medo do que poderiam encontrar dentro da mulher ao penetrá-la (ou do que em fantasia colocaram no interior do corpo da mãe quando bebês, em vivências muito primitivas – que torna o interior do corpo feminino um terreno perigosíssimo). Um dos temores seria encontrar o pênis vingativo e hostil do pai no interior da mulher. Em contrapartida, também assinalou Klein, muitas relações fisicamente e aparentemente heterossexuais de um homem com uma mulher podem ter psiquicamente outra conotação. O homem procuraria dentro do corpo da mulher o pênis ou os pênis do pai que ela conteria.

Por outro lado, não existe criatividade sem o feminino. Todo homem que queira ser criativo precisa dar importância ao feminino, incluindo o aspecto feminino de sua mente, também relacionado à intuição, ao mistério, ao desconhecido, à gestação e ao parir ideias, que sempre tem um componente assustador, devido à surpresa do que pode ser gerado e nascer.[18]

---

18 O papel fundamental do pai, do pênis, é dar suporte emocional à mãe para que ela possa se ocupar de seu bebê e mergulhar no estado propício ao *rêverie*. O papel do homem como provedor, que ele o tenha firmemente internalizado

As mulheres, quando gestam, são levadas a enfrentar uma situação em que há, literalmente, um desconhecido se desenvolvendo dentro delas. Além disso, a despeito dos ultrassons e outros exames modernos (mas pode-se imaginar como era antes disso), o que vai surgir no parto é sempre uma incógnita, assim como o é a relação que irá se estabelecer a partir desse momento. Cabe-lhes, de forma bem mais intensa do que aos seus companheiros, desenvolver uma condição de conviver com esse desconhecido que se movimenta dentro de si, para gestá-lo. Há de se considerar que às mulheres cabe sofrer não somente as angústias da concepção e da gestação daquilo que vai se formando dentro delas, como também com o

---

enquanto função psíquica, mesmo que a mulher possa ganhar mais do que ele, é fundamental para que ela se sinta amparada e liberada para abrir sua mente para as demandas do bebê, da criança, o que, por sua vez, é essencial para o desenvolvimento do infante. Ao abrir-se para o contato com o bebê parte da mente da mãe "regride" para que a comunicação com ele seja eficaz. Dimensões muito primitivas e iniciais de suas mentes voltam à tona para que possam conversar com as mentes de seus bebês, para poderem saber "de imediato" aquilo que estariam lhe solicitando, pois o bebê que elas mesmas foram estaria bem à tona para lhes deixar claro aquilo que o bebê que tem no colo ou ao seio lhes solicita. Com o crescimento do bebê, acaba cabendo em grande parte ao pai fazer um corte nessa relação de mãe e filho, resgatando-a para o mundo adulto, o que permite também ao bebê que ele se volte para outros relacionamentos além do que tem com a mãe. Há algum tempo ouvi de um jovem conhecido cuja esposa havia tido uma filha a seguinte queixa: "Quando terei minha mulher de volta? Aquela que tomava vinho comigo, saía para dançar, para o teatro, para se divertir? Agora tudo para ela é o bebê!!!" Disse-lhe que nunca mais! Uma vez que teve o bebê, a coisa mais importante para ela era a filha, e tudo girava em torno de seus cuidados e de seu desenvolvimento, e que, se ele não entrasse no espírito da coisa em que estava a esposa e pudesse aproveitar a nova dimensão onde ela estava mergulhada, dando-lhe amparo naquilo que ela estava imersa, provavelmente o casamento deles acabaria. Que ele precisaria ser capaz de tirar satisfação dessa nova condição de suas vidas, colaborando com sua mulher naquilo que havia se tornado o cerne de suas preocupações e satisfações. Tenho a impressão de que pode ter sido útil o que lhe comuniquei, pois não demorou muito para que tivessem outra filha, e ele me pareceu muito satisfeito com esse encaminhamento dos fatos.

medo e o terror da própria experiência do parto, que, a despeito de todo o desenvolvimento tecnológico e médico, continua sendo uma experiência de vida e morte – tanto dela, quanto do bebê, quanto de ambos. É fundamental que sempre se tenha em vista que a experiência do parto sempre é um evento em que está envolvida uma situação dramática de vida e morte e que as angústias realistas associadas a esse momento possam ser reconhecidas e respeitadas.

Levando o que acabo de mencionar em consideração, uma mente criativa tem de ser uma que abarque essa dimensão "feminina", de acolher o misterioso, o desconhecido que se apresentar, gestá-lo, para que então tome forma e possa "nascer" para o mundo. O feminino estaria associado à paciência de aguardar, convivendo com o desconhecido que vai se formando e mexendo por dentro, com o temor e a angústia associados a essa situação, e também com a curiosidade e anseio por esse novo que pode surgir. O respeito por esse estado mental pode expandir a capacidade de tolerar o contato com o desconhecido e o interesse pela investigação científica. Havendo a condição de suportar as vivências persecutórias desse contexto, sem ficar se deprimindo pela perseguição, pode-se aguardar o desenvolvimento de uma ideia ou de um *insight*, sem precipitar o nascimento de algo que ainda não se completou.

Todo homem e toda mulher que temam lidar com esse desconhecido cuja evolução não podem controlar tendem a tornar-se criativamente estéreis ou a abortar o que se lhes apresenta por temor do que possa surgir e de suas consequências. Por outro ângulo, a criatividade depende da aceitação dos aspectos masculino e feminino se relacionando e operando na mente de todos nós, para que haja fertilidade.

As mulheres também precisam contar com aquilo que seria "masculino" em suas mentes para igualmente funcionarem com assertividade e penetração. É necessário o casamento na mente do masculino e do feminino, tanto em homens quanto em mulheres, para que haja expansão e *desenvolvimento psíquico*.

Toda atividade criativa, como postula Melanie Klein (e seus colaboradores/sucessores, como Hanna Segal), tem por função reparar os danos feitos ao seio – à mãe –, aos bebês que estariam em seu ventre que foram atacados em fantasia, e ao(s) pênis do pai que estariam nela a gerar esses filhos, às suas riquezas que teriam sido roubadas em fantasias inconscientes (ou em atuações efetivas quando se trata de um comportamento psicótico). Ao contrário do que sugeria Freud, que a mulher tinha inveja do pênis por não ter um, ela teria inveja do pênis dentro do corpo da mãe, pois ele poderia lhe produzir bebês que ela ansiava ter, mas estavam incorporados pela mãe.

Os homens, por sua vez, têm inveja do seio – e das funções que ele pode exercer. (Insisto que, quando me refiro ao seio, indico uma analogia para uma função mental. O mesmo ocorre em relação ao "pênis".) Se puderem se beneficiar de sua relação com o seio, poderão introjetar a função mental do seio – a do *rêverie* – que permite o desenvolvimento da intuição, do pensar, do sonhar, do criar.

Faço a correlação do desenvolvimento da função seio na mente da mulher e do homem com o meu relato do início deste texto, em que menciono o quanto esses aspectos femininos, do seio, puderam impregnar-se e expandir-se em mim, para que eu possa desenvolver um trabalho criativo tanto na pintura quanto na minha prática analítica, como professor, supervisor e autor de livros e artigos científicos.

São os seios internalizados e sua capacidade de acolhimento e elaboração de experiências emocionais, de pensamentos que buscam um pensador para pensá-los, que permitem que uma pessoa sinta confiança em si mesma e passe a acreditar mais nas próprias competências, tornando-se emancipada. Ela pode, assim, ser mãe de si mesma, e uma mãe que pode se juntar e se acasalar com um pai, em um par criativo que cuida da pessoa de dentro dela mesma. O que no início era uma atividade relacional da mente do bebê com a mente da mãe que digeria, desintoxicava e devolvia de forma amorosa e sonhada as vivências que não eram assimiláveis pelo bebê passa, quando se internaliza o seio, a mãe, a ser um relacionamento interno, intrapsíquico, do bebê que sempre continuamos a ter em nós mesmos, com a mente adulta, seio, que acolhe as projeções do bebê para pensá-las, numa operação interiorizada, de uma instância para outra de nossas mentes.

Uma vez gestados os pensamentos, caberia uma ação masculina, assertiva, de transformar os pensamentos elaborados em ação, comunicação. Homens que tenham um pensamento muito concreto e primitivo podem ficar muito assustados com uma mulher que tenha um pênis mental, que seja assertiva, pois não distinguem a dimensão mental da física. Sendo também mentalmente menos desenvolvidos, concretos, sem capacidade de pensamento abstrato, diante de uma mulher inteligente e assertiva temem (e com justeza) ficar a reboque delas.

Quanto mais em tranquilidade com os aspectos femininos e masculinos de sua mente, mais assertivos e potentes podem ser o homem e a mulher. Continente – e contido – em uma relação fértil e criativa.

Referências

Beauvoir, S. de. (1954). *Les Mandarins*. Paris: Gallimard.

Bion, W. R. (1963/1977). *Taming Wild Thoughts*. London: Karnac Books.

Bion, W. R. (1967/1988). *Estudos psicanalíticos revisados (Second Thoughts)*. Rio de Janeiro: Imago.

Bion, W. R. (1968). Conferência nº 2 del Doctor Bion: *"Sobre los objetos internos y externos: algunos modelos psicoanalíticos"* [Separata do Centro de Estudos de Psicanálise "Luiz Vizzoni"]. São Paulo: Biblioteca da Sociedade Brasileira de Psicanálise de São Paulo.

Bion, W. R. (1977a). *Seven servants, four works by Wilfred R. Bion: (1962) Learning from experience; (1963) Elements of psychoanalysis; (1965) Transformations; (1970) Attention and interpretation*. New York: Jason Aronson.

Bion, W. R. (1977b). *Two Papers: The Grid and Caesura*. Rio de Janeiro: Imago.

Bion, W. R. (1977/1987). Turbulência Emocional. *Revista Brasileira de Psicanálise*, 21(1), 121-133.

Bion, W. R. (1990). *A Memoir of the Future*. London: Karnac Books, 1990.

Bion, W. R. (1992). *Cogitations: Wilfred R. Bion*. London: Karnac Books.

Castelo Filho, C. (2015). *O processo criativo: transformação e ruptura* (2a ed.). São Paulo: Blucher.

Freud, S. (1978). *Complete works* (Standard Edition). London: The Hogarth Press.

Grosskurth, P. (1992). *O mundo e a obra de Melanie Klein*. Rio de Janeiro: Imago.

Klein, M. (1932/1975) Early stages of the Oedipus conflict and of super-ego formation; The effects of early anxiety-situations on the sexual development of the girl; The effects of early anxiety-situations on the sexual development of the boy. In: *The Psycho-analysis of children* (pp. 123-148). London: Karnac.

Klein, M. (1935/1950). A contribution to the psychogenesis of manic depressive states. In: *Contributions to psychoanalysis: 1921-1945*. London: The Hogarth Press.

Klein, M. (1946/1980). Notes on some schizoid mechanisms. In: *Envy and gratitude and other works: 1946-1963* (Vol. 3, pp. 1-24). London: The Hogarth Press.

Klein, M. (1952/1980). The origins of transference. In: *Envy and gratitudde and other works: 1946-1963* (Vol. 3, pp. 48-56). London: The Hogarth Press.

Klein, M. (1955/1980). On identification. In: *Envy and gratitude and other works: 1946-1963* (Vol. 3, pp. 141-175). London: The Hogarth Press.

Klein, M (1957/1980). Envy and Gratitude. In: *Envy and gratitude and other works: 1946-1963* (Vol. 3, pp. 176-235). London: The Hogarth Press.

Klein, M. (1960/1980). On Mental Health. In: *Envy and gratitude and other works: 1946-1963* (Vol. 3, pp. 268-274). London: The Hogarth Press.

La Fayette, Mme. de. (1972). *La Princesse de Clèves et autres romans*. Paris: Gallimard.

Philips, F. J. (1997). *Psicanálise do desconhecido*. São Paulo: Editora 34.

Proust, M. (1954). *A la recherche du temps perdu*. Paris: Editions Gallimard.

Segal, H. (1991/1993). *Sonho, fantasia e arte*. Rio de Janeiro: Imago.

Schifano, L. (1987). *Luchino Visconti: les feux de la passion*. Paris: Libr. Académique Perrin.

Sévigné, Mme. de. (1971). *Lettres choisies*. Paris: Librairie Larrouse.

Sófocles (496-406 a.C./1980). Édipo Rei. In: *Prometeu acorrentado/Ésquilo. Édipo Rei/Sófocles. Medéia/Eurípedes*. São Paulo: Abril Cultural.

Sophocles (496-406 a.C./1967). Antigone. In: *The complete plays of Sophocles*. New York: Bantam Books.

Telles, L. F. (1954/1981). *Ciranda de pedra*. Rio de Janeiro: Ed. José Olympio.

Tolstói, L. (1869/1972) *Guerre et paix*. Paris: Le Livre de Poche.

Tolstói, L. (1877/1971). *Ana Karenina*. São Paulo: Abril Cultural.

Wharton, E. (1905). *The House of Mirth*. New York: Barnes and Noble Classics.

Wharton, E. (1911/1991). *Ethan Frome*. New York: Dover Thrift Editions.

Wharton, E. (1913/1987). *The Custom of the Country*. New York: Collier Books.

Wharton, E. (1920/1996). *The Age of Innocence*. New York: Penguin Books.

Wharton, E. (1927/1997). *Twilight Sleep*. New York: Simon & Shuster.

Wharton, E. (1938/1993). *The Buccaneers*. New York: Penguin Books.

2. Violência ao feminino

Cândida Sé Holovko

Introdução

O conceito de feminino em psicanálise é polissêmico e contém múltiplas abordagens com consequências – enriquecedoras ou empobrecedoras – tanto na clínica como na reflexão teórica psicanalítica. Nesse sentido, ao falarmos sobre "feminino" é necessário esclarecermos o contexto e os modelos teórico-clínicos de referência nos quais é empregado. É possível falar de feminino sem considerarmos a bissexualidade constituinte do sujeito psíquico? E ponderações sobre a flexibilidade pulsional e orientações de desejo? A qual feminino estaremos nos referindo, a fantasmáticas femininas, a posições psíquicas femininas independentes do sexo anatômico? Ou talvez à constituição da psicossexualidade da mulher e o feminino na constituição da masculinidade? Elemento feminino puro em homens e mulheres como momento originário do Ser em Winnicott ou continente/contido em Bion? Feminino arcaico, materno, amante?

Desde Freud, sabemos que estamos diante de um conceito psicanalítico bastante complexo, de difícil delineamento e de significados pouco precisos. Freud foi o primeiro analista a oferecer às mulheres uma escuta sensível às suas angústias, descobrindo significados até então inimagináveis. Recebeu contribuições de psicanalistas pioneiras principalmente a respeito das transferências maternas e da importância capital da relação pré-edípica com a mãe (entre elas Ruth Mack Brunswick). No entanto, ele, Freud, no que se refere à teorização da sexualidade feminina e da condição da mulher, não pode escapar a seu momento histórico, impregnado pelas ideias patriarcais do seu contexto sócio-cultural-ideológico, como bem exemplificados nos textos "A sexualidade feminina" (Freud, 1931/1974) e "Feminilidade" (Freud, 1932-33/1976). Sua teoria falocêntrica, com as ideias de uma masculinidade inicial da menina, da inveja do pênis, do complexo de castração, de um superego frágil, ainda desperta muita polêmica nos meios psicanalíticos. Algumas psicanalistas privilegiam a ideia do feminino como falta, carência, vazio, enquanto outros teóricos, desde os primeiros deles, como Ernest Jones, Melanie Klein, Karen Horney etc., procuram compreender as mulheres a partir de seus próprios padrões, não da falta, mas da presença de uma sexualidade com características próprias, e não mais em referência à psicologia masculina. Como assinala Daniele Quinodoz (2003), os psicanalistas correm o risco de não perceberem a angústia que muitas mulheres têm de serem amputadas de seus órgãos genitais e reprodutivos femininos em função da teoria escolhida por eles para a compreensão do universo feminino. Dependendo dessa opção, podem surgir dificuldades na escuta da ancoragem corporal dessa angústia e do seu uso nas interpretações. Florence Guignard (1999/2001) também destaca que a figurabilidade dos órgãos de prazer sexual e de reprodução, anatomicamente ocultos à visão nas mulheres, são geralmente tratados como inexistentes dentro do modelo da teoria sexual infantil fálica proposta por Freud. Essa teoria organiza o complexo de castração masculino, e penso que tem criado muitas vezes crenças equivocadas, com graves repercussões na clínica da mulher.

Como vários autores (Melanie Klein, Ernest Jones, Donald Winnicott, Florence Guignard, Mariam Alizade, Estela Welldon, Silvia Bleichmar, Jacques André, Leticia Glocer Fiorini etc.), também reconheço uma posição feminina presente nos dois sexos desde o início da vida ligada à relação primária com a função materna e que é alicerce da subjetividade nascente. Além da noção da bissexualidade psíquica, produto das relações precoces com as funções maternas e paternas e da flexibilidade das pulsões.

Quando nos referimos ao feminino ou masculino como categorias binárias restritivas, também podemos fazer referência aos papéis de gênero condicionados pelos determinantes socioideológicos de época que incidem em nossa compreensão do que é feminino/masculino . Por exemplo, na mulher, tradicionalmente, o feminino está associado às emoções, ao afeto, à natureza, à falta, ao passivo, ao mistério, ao objeto desejado, ao materno; enquanto no homem o masculino está ligado ao ativo, à cultura, ao racional, à norma, ao sujeito, à função de limite paterna etc... Concepções essas que têm forte impacto na constituição das fantasias, dos desejos, da construção do psiquismo e das teorias e clínica psicanalítica.

Partindo dos estudos de gênero, que integram um campo multidisciplinar (sociologia, filosofia, antropologia, psicologia, economia etc.), vários investigadores começaram a repensar e examinar embasamentos ideológicos que se apresentavam como funcionamentos universais e naturais nas teorias psicanalíticas, como as noções da fragilidade e inferioridade das mulheres, do superego frouxo, da inveja do pênis etc... Essas investigações questionam as construções teóricas, procurando identificar as particularidades de cada cultura, as forças de poder e a conscientização da desigualdade que foi impressa entre os gêneros, enfatizando o peso que tiveram na constituição de suas subjetividades.

Nessa mesma direção, seguindo Glocer Fiorini (2001), psicanalista argentina que tem oferecido importantes contribuições ao tema do feminino, constatamos que o campo dos ideais que expressam os ideais de gênero em relação a masculinidade e feminilidade convertem-se em um eixo imaginário que tem forte eficácia simbólica. Essa autora nos lembra que existe um campo de significações preexistentes que são diferentes quando nos referimos ao sexo feminino ou masculino a partir dos primórdios da vida de um bebê e mesmo antes de sua concepção:

> *O conceito de feminilidade gira ao redor de ideais identificatórios que se assentam no eixo ego ideal--ideal de ego. É de assinalar que isto difere da sexualidade feminina, que se joga no campo do registro do desejo. Assim como, ambos diferem do sexo anatômico, (nascer homem ou mulher), já que a relação com o mesmo não é direta nem óbvia. Todos esses termos não são sempre concordantes, e suas divergencias são uma condição constitutiva. (p. 27)*

Gostaria de acrescentar que concordo com Glocer Fiorini (2007) quando propõe, em psicanálise, a necessidade de "desconstruir as articulações freudianas: mulher = mãe; sujeito = masculino; objeto = feminino; feminino = enigma = o outro" (p. 271) a fim de que possa haver o reconhecimento de uma ordem sexual feminina com autonomia da maternidade e consequentemente aberta aos processos de subjetivação e da posição desejante próprios da mulher.

Neste ponto, recordo a teorização de Florence Guignard (1999/2001) sobre os espaços psíquicos do "materno primário", germe da descoberta da alteridade e do feminino primário, matriz da descoberta inicial da diferença dos sexos. Diz ela que tanto o bebê do sexo feminino como o bebê do sexo masculino seguem o mesmo destino "no que se refere à constituição de seus primeiros espaços psíquicos em relação identificatória com a capacidade materna de pensar, no espaço do 'materno primário'" (p. 227). Para Guignard, "materno primário" está relacionado às experiências de descoberta do "si-mesmo-fora-da-mãe" propiciada pela *rêverie* e olhar materno que dão a possibilidade de um outro ser emergir: "Nos dois sexos, os processos identificatórios do 'materno primário' contêm a gênese da descoberta da alteridade e da diferença das gerações". Guignard também nos fala sobre a identificação do menino e da menina com o desejo da mãe pelo terceiro, no que ela chama o espaço do "feminino primário" (p. 227). E é a partir desses processos identificatórios do "feminino primário", ou seja, da identificação com o desejo da mãe por um terceiro, que vai emergir a descoberta inicial da diferença entre os sexos. O espaço do "feminino primário", nessa concepção, está vinculado ao lugar da constituição da bissexualidade psíquica, "na complexidade quase imediata dos processos identificatórios do infans com a mãe psiquicamente ausente, por um lado, e com o objeto de desejo que a 'torna ausente', por outro" (p. 227).

Como Guignard (1999/2001), também acredito que a introjeção identificatória do materno e do feminino será particularmente requerida no plano do ego corporal em relação ao destino de mulher. Quero dar ênfase, neste ponto, às experiências corporais especificamente femininas, com o seu marcado ritmo biológico: menstruação, gestação, abortos, menopausa, sensualidade generalizada, que têm forte impacto na construção da feminilidade e que muito frequentemente são desconsideradas em muitas análises.

Penso ainda que máxima importância também deve ser dirigida às experiências edípicas na relação fundamental com a figura paterna para os destinos da sexualidade feminina.

Daniele Quinodoz (2003) parece comungar também dessas concepções de materno e feminino, quando afirma que, em relação aos órgãos sexuais femininos, o que realmente importa não são os órgãos sexuais em si, mas as fantasias evocadas por esses órgãos.

Gostaria de ressaltar que, em um outro artigo (Holovko, 2004), utilizei o termo feminino e o termo feminilidade para me referir a aspectos distintos na constituição do ser humano e da mulher. Apoiada nas concepções de "elemento feminino puro" de Winnicott, penso que o feminino está relacionado a uma *posição receptiva e criativa*, a um momento constitutivo em que um indivíduo é de certa forma recebido no mundo humano, por meio de certos cuidados e dessa identificação intensa entre a mãe ou pessoa que está na função e o seu bebê, possibilitando um sentido de continuidade e de poder Ser. É um momento originário que funda um lugar a partir do qual o ser humano pode existir em presença de um outro e se projetar para o futuro. Nas palavras de Winnicott (1966/1994),

> *nenhum sentimento do eu (self) surge, exceto na base desse relacionamento no sentimento de ser. Este último é algo que precede a idéia de estar-em-união-com, porque ainda não houve nada mais, exceto identidade... o elemento masculino faz, ao passo que o elemento feminino (em homem ou mulher), é. (p. 141)*

Quando esse momento constitutivo não pode ter lugar, como observamos no contato com muitos analisandos, observamos um tipo de organização em que o fazer é muitas vezes reativo, poderíamos mesmo dizer que frequentemente pode se produzir um tipo de organização defensiva narcisista fálica, numa espécie de prematuridade do eu e como formação defensiva secundária.

Feminilidade (Holovko, 2004) me parece mais relacionada a todos os elementos que vão ocorrendo dentro do processo existencial, quando a menina, lidando com as diversas vicissitudes da situação edípica, pode encontrar as identificações com a figura materna, assimilar os signos e os símbolos culturais relacionados com a feminilidade e também encontrar o olhar paterno – masculino que a reconhece com seus atributos femininos. Nesse sentido, o Feminino é muito mais uma experiência como modo de Ser (Winnicott) e Feminilidade já implicaria toda uma organização representacional, que está relacionada com a passagem pela situação edípica.

Anos depois, leio, em um artigo de 2008 de Mariam Alizade, uma formulação que parece ter pontos em comum com a exposta acima. Sendo que Alizade aqui não usa o termo feminino, e sim os termos feminilidade primária e feminilidade estrutural. Nesse artigo, Alizade retoma e sintetiza várias linhas de seu pensamento e centra-se na passagem da feminilidade primária para a feminilidade estrutural. Sobre a feminilidade primária nos diz que

> *constitui a base dos primeiros movimentos sensuais e de identificações. Essa feminilidade, comum aos dois sexos, é desenvolvida no contato primário de intimidade entre a mãe (ou cuidador substituto) e seu bebê. A mãe exercita, no contato com o filho, o território de uma feminilidade passiva, onde acontece o que Freud denominou em 1905 "uma espécie de orgasmo".* . . . *Essa entrega, por parte do bebê, pode ser entendida*

> *como o primeiro esboço de feminilidade em todo o ser humano. (p. 154)*

Para Alizade, as mulheres se deslocam da feminilidade primária para feminilidade estrutural, a partir da decantação do complexo de Édipo abordado de maneira diferente de Freud.

> *O final do Complexo de Édipo na mulher é um acontecimento que requer amadurecimento psíquico e que tem uma lógica própria vinculada à posititivação do "não". É um tempo de afirmação e individuação.... Por trás do "não ter" aceito prazerosamente, é descoberto o "ser" desalienado da impregnação desiderativa identificatória masculina. Este "novo ato psíquico" modifica a estrutura da mulher feminina e é origem da feminilidade estrutural. (p. 156)*

Aqui, Mariam chama atenção para tudo que a mulher tem. O tempo de afirmação abre campo a novas equações do ter, distantes dos valores fálicos. "As mulheres têm vazio cheio – interioridade fértil – virtualidade – sangue de vida" (Alizade, 2008, p. 157).

Neste ponto do texto, quero compartilhar com o leitor vicissitudes da constituição da sexualidade feminina em uma analisanda de 30 anos que chamarei de Luciana (para efeitos de sigilo clínico, alguns dados foram alterados). Intrigou-me seus comportamentos de autoagressão, masoquistas, muito característicos de soluções defensivas em mulheres que sofreram abusos sexuais. Marcas dessas invasões no corpo de Luciana produziram retenções no processo de seu vir a ser e uma recusa clara de tudo que ela compreendia como sendo pertencente ao universo feminino.

Acredito que a possibilidade de ter acesso à corporeidade feminina, como veremos no processo de Luciana, passa pela recuperação das experiências de intimidade com suas fantasias sobre seu corpo e o corpo de um outro que faça as funções requeridas pelas experiências pré-edípicas de constituição do si mesmo. Neste sentido, concordo plenamente com Guignard (1999/2001) quando se refere à estruturação de uma bissexualidade psíquica equilibrada, tanto para o menino quanto para a menina, apoiada na introjeção identificatória "suficientemente boa" do materno e do feminino.

Soluções masoquistas

No processo de escrever este texto fui surpreendida pela evocação de uma cena de um filme que vi anos atrás, intitulado *A liberdade é azul*, parte da trilogia do cineasta polonês Krzysztof Kieslowski.

No início do filme vemos Julie, que, depois de sair do hospital onde foi tratada das sequelas físicas do brutal acidente que provocou a morte de seu querido marido e de sua filha de 5 anos, retorna à casa com o firme propósito de desfazer-se de tudo que lembrasse seu passado. Na cena impactante, vejo Julie caminhando com um rosto inexpressivo, como uma sonâmbula, junto a um muro de pedras no qual, com o punho cerrado, vai raspando, esfolando, ferindo a mão na superfície dura até que, num instante, parece acordar e levar a mão à boca em uma expressão de dor aguda.

Assim que podemos perguntar: o que leva uma pessoa a buscar ativamente a dor corporal? Que motivações estão subjacentes às compulsões a machucar-se, a ferir-se, a expor-se a situações de humilhação e perigo? A personagem cinematográfica me traz à mente uma fala de Luciana, que pode dar uma pista das muitas respostas possíveis a essa pergunta. Em uma sessão diz ela: "*Percebo que as dores têm um lado positivo, fico com tanta dor que a cada movimento dói e aí eu penso na dor do corpo e me esqueço das outras dores*".

Voltando à Julie do filme, a impressão que temos é que a personagem necessita, como Luciana, sentir a dor no corpo para afastar-se de uma outra dor infinitamente mais terrorífica que não pode conter, nomear, representar, pois é fruto de acontecimento traumático cuja excitação ultrapassa a capacidade metaforizante do aparato psíquico. Curioso que, no filme, quando algo ameaça Julie de aproximá-la de uma recordação que possa evocar sofrimento psíquico, a tela do cinema imediatamente escurece, surge um enorme espaço sem vida, um vazio negro que apaga toda a continuidade da cadeia associativa das possíveis representações. É o imenso vazio negro que a ameaça e o imenso cheio de emoções insuportáveis.

No livro de Benno Rosenberg (1991/1995) *Masoquismo mortífero y masoquismo guardián de la vida*, encontrei conjecturas a respeito do masoquismo, do prazer na dor, ou seja, prazer do desprazer, que me pareceram muito úteis para compreender a experiência clínica que irei relatar.

Nessa obra, Rosenberg, sempre apoiado nas formulações de Freud, com ênfase no texto "O problema econômico do masoquismo", afirma que o masoquismo erógeno primário, o prazer na dor, refere-se à mescla pulsional primária, ao processo pelo qual a pulsão de vida, Eros, consegue aplacar a pulsão de morte. O autor defende que a erotização da destrutividade da pulsão de morte confere ao Ego a possibilidade de defender-se, realizando a primeira ligação e se colocando a serviço da pulsão de vida. Rosenberg acredita que é a mãe que prepara e condiciona a mescla pulsional primária e provavelmente é a que vai determinar a qualidade dessa mescla, a existência de um núcleo masoquista primário sólido que assegura a continuidade interna do Ego, inclusive em situações traumáticas (p. 101). Eu agregaria, neste ponto, que essa mescla pulsional vai depender das condições particulares dessa relação primária mãe-bebê (ou pessoa nessa função) e das possibilidades de *holding*, continência e *rêverie* da função materna. Esse núcleo masoquista erógeno primário com a lei que rege seu funcionamento, o princípio do prazer, assinala que o prazer é então prazer-desprazer e é também um processo complexo que compreende tanto excitação (aspecto desprazeroso) como descarga (aspecto do prazer). Assim, o masoquismo, propiciando o adiamento do prazer e a capacidade de suportar desprazer, favorece o princípio da realidade. Benno Rosenberg fala da dimensão masoquista da existência humana, na medida em que o masoquismo nos permite continuar suportando os sofrimentos e as misérias da vida. O autor nos alerta que o masoquismo erógeno primário que constitui o Ego do sujeito e que é guardião da vida psíquica pode converter-se, em certas condições, em um masoquismo mortífero que ameaça a sobrevivência psíquica do Ego (p. 104). Isso ocorre quando o sujeito realiza o investimento masoquista, de todo sofrimento, toda dor, de quase todo o território do desprazer (p. 108). Rosenberg diz que "se o masoquismo guardião da vida é uma defesa em relação a destrutividade interna bloqueando a pulsão de morte, o masoquismo mortífero aumentando consideravelmente a defesa pode levar o sujeito até a morte" (p. 109).

Essa citação que acabo de mencionar me faz recordar a primeira sessão com Luciana – jovem esguia, bastante masculinizada na maneira de vestir-se e expressar-se. Nessa sessão, contratransferencialmente sinto uma forte impressão de algo sinistro, sombrio... Talvez o olhar, a expressão corporal. Muito angustiada e desconfiada me diz que sente ter algo nela que a está destruindo.

Já nas primeiras sessões Luciana conta que tem fumado maconha e ingerido bebidas em demasia. Quer controlar essas adições, mas acredita que sem elas a vida não teria sentido algum, que tudo perderia a cor, seria puro tédio. Acredita que precisa dessas substâncias para liberar sua libido e se animar a ter relações sexuais com o atual companheiro e também para ficar mais criativa na escrita. É jornalista de formação, mas como escreve muito bem contos é muito requisitada para auxiliar em roteiros de filmes.

Logo na primeira entrevista revela que desde muito pequena é muito ligada ao pai. Sempre estavam juntos, ele a levava inclusive quando ia encontrar-se com amigos, fazendo-a sentir-se uma filha muito especial! Identificou-se com várias características que vê no pai, como a curiosidade intelectual, a agressividade, a sexualidade sem regras. Sempre o viu como uma pessoa muito vitalizada, alegre, comunicativa. Tão diferente da mãe, uma mulher melancólica, sempre doente, sem recursos intelectuais e emocionais, a quem sempre desprezou e a quem ela se refere como uma morta-viva! Sempre teve raiva e desprezo da mãe por esta se submeter tanto ao marido. Esse desprezo ela estende às outras mulheres, as quais tende a ridicularizar e a ver como inferiores. O pai, segundo Luciana, é um industrial muito bem-sucedido, muito poderoso, bastante impulsivo e despótico.

Luciana percebe que fez um conluio com o pai contra a mãe, numa identificação masculina com ele, que a trata de homem para homem, inclusive falando com detalhes, que às vezes a constrange, a excita, a ponto de ruborizar-se, de suas (do pai) relações sexuais com as várias amantes. Recorda-se das inúmeras vezes, desde muito jovem, em que ele descreveu de forma erotizada e sem pudor as cenas sexuais com as várias amantes, falando de detalhes, das posições, referindo-se ao corpo, à genitália das outras mulheres de maneira muito crua. Às vezes o pai também a excitava referindo-se maliciosamente a partes de seu corpo. Chegou a questionar se teria havido algum contato sexual com ele quando criança, mas não se recorda.

Mariam Alizade, em muitos de seus textos, buscava esclarecer e combater as violências sexuais contra mulheres e, nesse sentido, desenvolveu o conceito, pouco utilizado em psicanálise, de *incesto verbal padre-hija* (Alizade, 2011), contribuindo para dar-lhe corpo teórico.

Não sabemos se o pai de Luciana realizou algum ato incestuoso direto, mas, ao incluí-la nos relatos eróticos com as amantes, criou um clima incestuoso violento, atuou com o incesto verbal pelo qual excita continuamente a filha com os relatos de outras mulheres e a faz cúmplice dos seus atos, excluindo a mãe dessas cenas. Sabemos, desde Lévi-Strauss (1949/1969), que o tabu do incesto constitui o movimento fundamental no qual se cumpre a passagem da natureza para a cultura, e também que sua transgressão tem efeitos patológicos de longo alcance na psicossexualidade, na estruturação psíquica geral e na vida de relação de suas vítimas.

A respeito do incesto verbal, Alizade (2011) nos diz que:

> *A palavra erotizada é a arma transgressora e maligna que se fixa na mente. É um incesto de palavra. A palavra incestuosa atua em um registro duplo: como significado e como contato corporal. A voz-corpo conforma um corpo sutil, um corpo aparentemente inofensivo e inocente que transmite excitação sexual. A palavra equivocada, plena de pulsão sexual de destruição, impacta no inconsciente. (p. 18)*
>
> *O adulto açoita com a palavra o corpo erógeno e a imaginação da menina e a viola ao apresentar-lhe*

> *imagens proibidas e excitantes. O verbo incandescente paterno a engloba com um desejo bizarro e a arrasta a uma festa sexual perversa. (p. 21)*
>
> *No incesto verbal o poder da palavra esgrime uma espécie de magia negra destrutiva. . . . Na fala, o discurso irradia uma energia paralisante que fascina e confunde ao mesmo tempo a filha-vítima. A presa é capturada pelo narcisismo tanático quando experimenta prazer narcisista por saber-se a favorita e compartilhar com o pai os segredos de uma intimidade louca. (p. 23)*

Tal como vemos, para a autora, o incesto verbal se constrói como ações de discurso, sensoriais a distância, mas que toca a carne da filha, a percorre, a viola penetrando no corpo e na mente de uma maneira contínua, provocando um trauma acumulativo e deixando a filha totalmente desprotegida da função parental!

Segundo Tesone (2005), no artigo "Incesto: o corpo roubado", o pai incestuoso desde a onipotência narcísica vive seus filhos como prolongamentos do próprio corpo em uma tentativa de negar a triangulação edípica, o assumir a castração simbólica e a incompletude de todo ser humano. A excitação vinda do exterior sem consentimento produz um efeito traumático na filha ou filho:

> *tal corpo que responde de maneira incontrolada à excitação externa paterna, se converte ele próprio em corpo externo, em um desdobramento do Eu. A excitação produzida é uma excitação dessubjetivante. O desejo não intervém, é um encontro com um acontecimento des-simbolizante, uma excitação roubada, pois dispara*

a excitação pulsional sem consentimento do sujeito. O corpo adquire um caráter de extraterritorialidade, com foro próprio que requer ser castigado. . . . O inimigo torna-se não só o abusador mas também o próprio corpo vivido como vergonha e até com desprezo. . . . No ato incestuoso o pai ou mãe converte os filhos em orfãos, desvitalizando-os e confundindo a diferença entre gerações e entre os sexos. (p. 108)

Luciana inicia sua análise com três sessões semanais. A princípio, mostra-se muito desconfiada, crítica, despreza francamente minhas intervenções e quer a todo custo demonstrar-se autossuficiente e muito pouco disponível para o contato emocional. Aos poucos, começa a querer encontrar um espaço para expressar seus sentimentos de desamparo e dependência.

Surgem episódios de choro que a desconcertam e curiosamente inicia uma aproximação mais consciente com a mãe: "*Antes eu fazia tudo para parecer com meu pai, agora o meu objetivo é me aproximar de minha mãe*".

Tem sentido e expressado muita raiva do pai pela forma como submeteu a mãe e as mulheres com sua violência e despotismo. Vai à casa dos pais à procura de fotos de quando era criança e busca indícios nas fotos de algo que pudesse justificar um incesto, mas não encontra nada que possa confirmar suas suspeitas. Sente raiva do pai por tê-la excitado sexualmente de forma tão despudorada e sem limites.

Nesta época, descobre algumas fotos que a agradam muito. Em uma delas vê a mãe olhando e sorrindo para ela – bebê. Nunca havia percebido que o bebê na foto era ela. Faz vários movimentos para estar mais perto da mãe.

Nas sessões, emociona-se e chora quando lembra como não pôde cuidar da filha de 5 anos, que a solicitava e era deixada aos cuidados de uma babá, em função do seu grande envolvimento com a bebida e da sua incapacidade de viver uma intimidade com a filha: temia fazer mal a ela. Muitas vezes colocou a si mesma e a filha em risco ao conduzir seu carro totalmente alcoolizada.

Procura cuidar-se mais, tenta diminuir o consumo do álcool. Depois de meses de análise resolve voltar ao psiquiatra e revelar a ele que está muito dependente do álcool. Nunca havia contado ao psiquiatra sobre o consumo exagerado de bebidas; já vinha tomando medicação antidepressiva, mas envergonhava-se de falar sobre essas substâncias. Faz uma tentativa de controlar sua adição, jogando fora ou dando para amigos.

Em um momento em que conseguia ficar dias sem beber e sem maconha, disse: "*Antes eu fumava e bebia para fazer qualquer coisa. Agora só no final da tarde, quando sinto a hora do espanto! Porque nessa hora a angústia é forte, aperta o peito, sufoca a garganta*".

Revelando segredos

Em uma das sessões, Luciana entra lentamente e se deita com cuidado no divã. Dou-me conta de que tem dores no corpo e, ao comentá-lo, vejo que ela se comove com minha observação.

Mostra várias partes do corpo e diz que estão doendo. Diz-me que tem muita vergonha de me contar o que aconteceu.

Diz que no sábado tinha saído com a mãe para o *shopping*. Ficaram várias horas juntas, em uma relação muito boa, sem pressa de ir embora, de separar-se. Ficaram experimentando roupas, vestindo na casa de Luciana as roupas que haviam comprado juntas. Diz que sempre foi muito distante da mãe e que há algum tempo está querendo ficar mais próxima, acha que a mãe pode morrer e que ela pode se arrepender desse distanciamento. Sentiu que a mãe estava gostando de estar com ela, foi muito bom. Iam jantar juntas, mas de repente Luciana preferiu ficar sozinha. A mãe foi embora e, assim que ela saiu, Luciana começou a fumar maconha e a beber demais e, nessas circunstâncias, chega a um ponto em que não tem mais controle sobre o seu comportamento. Ficou pensando que caiu, bateu a cabeça em algum lugar do banheiro, mas que poderia ter acontecido algo pior. Acordou toda marcada com hematomas, pois havia batido muito em si mesma. Fica como uma selvagem nessas situações em que está sozinha, sem restrições, sem limites, masturba-se compulsivamente, às vezes urina e defeca no chão, entra em um estado de excitação que não termina, na realidade é sempre mais excitação que não tem fim...

Luciana parece muito culpada, chora enquanto fala, está muito triste. Conta que põe um colar e aperta a garganta até ferir-se ou coloca um cinto e vai apertando para dar dor e prazer. Não gosta de agredir os outros, e sim de provocar dor no próprio corpo. Acha que se fizesse tudo isso com o companheiro não se sentiria tão louca, mas acredita que fez isso porque o companheiro não estava.

Digo que ela entrou na hora do espanto, mas dessa vez isso se estendeu por muito tempo. Digo que o que ela me conta é que estava muito sozinha, não só sem o companheiro, mas sozinha sem a proteção de uma função interna que pudesse cuidar dela.

É então que Luciana me diz: "*Percebo que as dores têm um lado positivo, fico com tanta dor que a cada movimento dói e aí eu penso na dor do corpo e me esqueço das outras dores*".

Falamos das outras dores das quais mal dá para se aproximar, destas dores das quais ela procura escapar anestesiando-se com maconha e álcool. Digo que parece que, nesses momentos de excitação, o apertar o pescoço, o apertar a cintura poderia ser uma forma de dar um contorno, uma forma ao próprio corpo. Como se na ausência do companheiro ela fosse carregada para uma experiência de se diluir, de desaparecer, e o excitar e bater em si mesma poderia ser uma maneira desesperada de apossar-se de um corpo que ainda não é vivido como próprio.

Luciana diz: *"Senti agora um alívio no peito. Enquanto eu lhe contava eu estava sentindo uma angústia me comprimindo aqui dentro. Sabe, durante muito tempo na minha vida eu fui muito reprimida, fazia tudo certinho, há um tempo apareceu esse lado louco, sem repressão, sem limites".*

Na saída, observo um olhar e sorriso em Luciana que me sugerem uma conotação de triunfo sobre a analista. Parecia haver certo prazer masoquista e sádico em contar toda essa cena, como em outros momentos desse período em que conta certos tipos de sonhos em que eu a sentia inacessível ao contato analítico. Por exemplo: ela sonha que tem pênis e vagina. Diz que, no sonho, quando quer se masturbar usa o pênis. Quando quer transar, ela apenas coloca o pênis na vagina. Ela diz: *"Era tudo de bom! Não podia ser melhor!".* Luciana diz isso sorrindo, em um tom sarcástico, provocativo. Parecia-me que, naquele momento, ela estava identificada com um pai todo-poderoso que não dependia de ninguém!

Outro sonho: ela estava deitada no berço e o pai de sua filha coloca o dedo em sua vagina por baixo da coberta, enquanto ela suga seu polegar. Luciana associa o pai de sua filha com seu próprio pai. Ela conta que inúmeras vezes sonhou que o pai a estimulava sexualmente.

Nesse período, expressa muito temor a depender e confiar em outra pessoa. Revela que gostaria de ter os dois sexos, ser homem e mulher ao mesmo tempo. Penso que quer fechar os buracos, boca e vagina, não sentir falta de nada nem de ninguém, mas paradoxalmente traz sonhos e revelações íntimas!

Luciana diz: "*Esta análise é agora ou nunca! Agora que estou falando de coisas tão íntimas!*".

Neste ponto, lembro o sentimento de algo sinistro na contratransferência que experimentei logo no nosso primeiro encontro. Estela Welldon (1988/2008), em seu livro *Madre, virgen, puta*, afirma que cenas de perversão em mulheres em geral envolvem o próprio corpo ou os filhos vividos como extensões narcísicas. Há, segundo Welldon, muitas vezes, uma dança com a morte, como uma situação-limite de desesperança e terror ante o temido buraco negro da depressão. Dançar com a morte alude não só a um jogo perigoso entre vida e morte como também a uma defesa maníaca.

Luciana, ao mesmo tempo que revela seu extremo desamparo, sua solidão, seu vazio existencial, não consegue ainda, nesse momento, dispensar suas defesas onipotentes.

Benno Rosenberg dá como uma das definições do masoquismo mortífero o centramento do prazer na excitação em detrimento do prazer na relação com outra pessoa. O abandono da satisfação libidinal objetal equivale ao abandono do objeto e, nesse sentido, o masoquismo mortífero tende a realizar uma espécie de "autismo masoquista" centrado na excitação autoerótica. Essa situação poderia ser exemplificada nessa cena descrita por Luciana. Como não há vida psíquica sem objeto, o masoquismo mortífero, como lembra Rosenberg (1991/1995), se define também pelo abandono progressivo do objeto (p. 109).

Alizade (2011), a respeito da força patológica do incesto verbal, diz:

> *O segredo se instala como um pacto perverso e intimidatório. A menina enganada introjeta o agressor (Ferenzi, 1933, p. 144) e desaparece como parte da reali-*

dade externa, transformando-se em algo intrapsíquico em lugar do extrapsíquico. Isso implica que os movimentos em direção à alteridade estão limitados devido à constante exposição aos intercâmbios sedutores malignos. (p. 24)

Este material clínico me suscitou várias questões relacionadas aos vínculos da paciente com sua mãe e, principalmente, com o pai. Na vida de Luciana, qual é a importância que tem o pai real na eleição de sua patologia? Quais são as consequências psíquicas de estar exposta desde muito cedo a este pai "incestuoso"? Será que na comunicação dessa sessão a paciente reproduz compulsivamente uma cena incestuosa na qual ela é um pai violento que violenta seu próprio corpo, extraindo um gozo silencioso masoquístico de forte conteúdo incestuoso? Será que faz em seu corpo o que imagina que o pai fazia com as amantes ou com a mãe, reproduzindo uma cena primária sádica? Estaria a erotização da autoagressão tentando neutralizar o mortífero da pulsão de morte, como lembra Rosenberg?

Devido ao impacto da erotização contínua que padeceu, me parece muito difícil para Luciana abandonar a sua autoagressão, dado que comporta um aumento de excitação e uma parte de expiação da culpa em relação à mãe. A cena erótica é uma cena cruel em que ela atua no próprio corpo. Parece expressar também uma tentativa de tamponar com as adições e os atos masoquistas um imenso vazio interior (a hora do espanto, as agonias impensáveis), de erotizar a imensa dor por meio desses atos compulsivos em busca de limites (o apertar cintura e pescoço). Não estaria por esses atos à procura de dar forma à sensação terrorífica de não existência?

Penso que, nessas experiências compulsivas aditivas e nos atos masoquistas, Luciana não busca a satisfação erótica, libidinal da pulsão, mas expressa muito mais um grito desesperado de quem não tem um lugar seguro para habitar psiquicamente. A incontinência corporal revela o não saber onde pertencer, uma busca de continência, e expressa também a confusão de papéis (é filha, mãe, amante) e ambiguidade de gênero (é a mulher do pai? É o filho desejado? É homem e mulher ao mesmo tempo?). O recurso às adições é uma forma de anestesiar a angústia no momento em que sente que pode perder o frágil sentimento de existir.

Curioso que os atos compulsivos durante muitos anos permaneceram encapsulados em uma parte da sua personalidade sem interferir no restante de sua vida social e profissional. Somente quando essas defesas começam a perder a função ou, como diz Rosenberg, quando a defesa começa a ter uma consequência maligna é que a paciente busca a análise.

Durante o processo analítico, à medida que vai diminuindo consideravelmente o uso das adições, emerge com mais violência um mundo de sensações, angústias, emoções e ideias que as adições escondiam. Vêm à tona dores, medos, angústias. Traz vários sonhos que a remetem a situações de excitação incestuosa, que desencadeiam muito ódio ao pai que não havia podido expressar. O ciúme aparece também na transferência materna com a analista, que propicia o surgimento de seus sentimentos de exclusão, abandono, solidão. Traz para conversarmos sonhos ligados a culpas, ressentimentos e o desejo de reparação em relação à mãe. Sonhos que expressam o desejo de encontrar seu lugar. Em um desses momentos diz:

> *Sabe, agora não suporto mais que falem mal das mulheres, não suporto misoginia. Antes quando alguém falava mal eu aproveitava para criticar e ridicularizar mais as mulheres, era estranho... Eu me punha fora*

desse universo. Agora estou virando feminista. Tenho gostado de estar com minha mãe, que está muito mais vitalizada.

Curioso que se observa não só uma mudança e fortalecimento de seu ego, mas também uma modificação das imagos materna e paterna.

Em sessão posterior

Entra sorridente com um vestido florido e diz que está se sentindo bem melhor. No final de semana foi ver os pais. Conta que a mãe dela parece ter saído da depressão.

Imagine que resolveu fazer uma viagem com amigas e está muito animada. Ninguém acredita! Saí com ela para comprar roupas. Comprei esse vestido que estou usando, achei engraçado, pois é muito parecido com o vestido do meu sonho. Quando eu estava saindo o meu marido disse que eu estava muito bonita. Você nem imagina o significado desse vestido! Acho que ao colocar o vestido algo aconteceu comigo.

Digo que algo já havia acontecido e que o vestido pode ser apenas a concretização de pertencer também, sem medo ou desprezo ao universo das mulheres.

Percebo que a regularidade das sessões, com as experiências de ser olhada em uma situação de acolhimento emocional firme, permite a Luciana ir se constituindo em uma continuidade que não está ancorada mais na experiência dolorosa. Emerge algo novo na relação consigo mesma e com as pessoas mais próximas, principalmente com o companheiro, um espaço para o prazer compartilhado. É interessante observar como aos poucos as defesas vão afrouxando e como Luciana vai expondo mais sua dependência e sua necessidade de ajuda. É possível, nessas sessões, ir acompanhando a transição da autossuficiência narcísica para a busca objetal. Da constituição de um feminino primário para uma feminilidade mais integrada.

Vemos, neste material, como os atos compulsivos tratavam de encobrir com a excitação sexual a excitação produzida com a falta de ser. O ato como uma linguagem desesperada da incapacidade de representação e de contenção psíquicas.

Referências

Alizade, A. M. (2004a). Relaciones lógicas y controversias entre género y psicoanálisis. In M. T. Lartigue (Comp.), *Psicoanálisis y relaciones de género* (COWAP Series, p. 9). Buenos Aires: Lumen.

Alizade, A. M. (2004b). Analista: quién eres?: sexo y género en el trabajo y en la escucha analítica. In A. M. Alizade, M. S. Araújo & M. Gus (Orgs.), *Masculino-femenino, cuestiones psicoanalíticas contemporáneas*. Buenos Aires: Lumen.

Alizade, A. M. (2005). Incest: the damaged psychic flesh. In G. Ambrosio (Ed.), *On Incest: Psychoanalytic Perspectives* (pp. 101-114). London: Karnac.

Alizade, M. (2008). Feminilidade primária – feminidad estructural. *Revista Brasileira de Psicanálise, 42*(4), 153-159.

Alizade, M. (2011). O incesto verbal. *Psicanalítica*, Rio de Janeiro, *12*(1), 17-26.

Bion, W. R. (1970/1991). O continente e o contido. In W. R. Bion, *A atenção e interpretação* (pp. 82-92). Rio de Janeiro: Imago.

Brunswick, R. (1944). Análisis de un caso de paranoia. *Revista de Psicoanálisis*, Buenos Aires, *1*(4), 599-651.

Freud, S. (1931/1974). Sexualidade feminina. In S. Freud, *Edição standard brasileira das obras psicológicas completas de Sigmund Freud* (Vol. 21, pp. 259-279). Rio de Janeiro: Imago.

Glocer Fiorini, L. (2001). *Lo femenino y el pensamiento complexo.* Buenos Aires: Lugar Editorial.

Glocer Fiorini, L. (2007). Lo femenino, lo otro y los cuerpos sexuados. *Revista de Psicoanálisis*, *64*(2), 261-273 (Apresentado no Congreso Latinoamericano de Psicoanálisis – eje: género y sexualidad: genealogías del otro femenino, Santiago, 25-27 de setembro de 2008).

Glocer Fiorini, L. (2014). Repensando o complexo de Édipo. *Revista Brasileira de Psicanálise*, *48*(4), 47-57.

Guignard, F. (1999/2001). Materno ou feminino?: a rocha da origem como guardiã do tabu do incesto com a mãe. *Revista de Psicanálise*, Porto Alegre, *8*(2), 225-238.

Holovko, C. (2004). Sonhando o feminino: um percurso através do somatizar e alucinar. *Revista Brasileira de Psicanálise*, *38*(3), 557-579.

Klein, M. (1945/1992). O complexo de Édipo à luz das ansiedades arcaicas. In J. Steiner (Org.), *O complexo de Édipo hoje*. Porto Alegre: Artes Médicas.

Lévi-Strauss, C. (1949/1969). *The elementary structures of kinship.* Tr. by J. Bell and J. von Sturmer. Boston: Beacon Press.

Quinodoz, D. (2003). Ser uma mulher? O ponto de vista de uma psicanalista. *Revista de Psicanálise,* Porto Alegre, *10*(2), 215.

Rosenberg, B. (1991/1995). *Masoquismo mortífero y masoquismo guardián de la vida* (S. Pérez-Galdós, trad.). Valencia: Promolibro.

Stoller, R. (1985/1993). *Masculinidade e feminilidade: apresentação do gênero* (M. A. V. Veronese, trad.). Porto Alegre: Artes Médicas.

Tesone, J. (2005). Incesto: o corpo roubado. *Ide, 41,* 107-114.

Welldon, E. (1988/2008). *Madre, virgen, puta: las perversiones femeninas.* Buenos Aires: Siglo XXI.

Winnicott, D. W. (1966/1994). Sobre os elementos masculinos e femininos ex-cindidos (Split-off). In Winnicott, C., Shepherd, R, & Daris, M. (Eds), *Explorações psicanalíticas: D. W. Winnicott* (pp. 133-150). Porto Alegre: Artmed.

Bibliografia complementar

Freud, S. (1901-1905/1972). Três ensaios sobre a teoria da sexualidade. In S. Freud, *Edição standard brasileira das obras psicológicas completas de Sigmund Freud* (Vol. 7, pp. 135-250). Rio de Janeiro: Imago.

Freud, S. (1919a/1976). O problema econômico do masoquismo. In S. Freud, *Edição standard brasileira das obras psicológicas de Sigmund Freud* (Vol. 19, pp. 199-212). Rio de Janeiro: Imago.

Freud, S. (1919b/1976). Uma criança é espancada: uma contribuição ao estudo da origem das perversões sexuais. In S. Freud,

Edição standard brasileira das obras psicológicas de Sigmund Freud (Vol. 17, pp. 225-253). Rio de Janeiro: Imago.

Freud, S. (1932-1933/1976). Novas conferências introdutórias sobre psicanálise: Conferência XXXIII: Feminilidade. In S. Freud, *Edição standard brasileira das obras psicológicas de Sigmund Freud* (Vol. 22, pp. 139-165). Rio de Janeiro: Imago.

Freud, S. (1969). *Edição standard brasileira das obras psicológicas completas de Sigmund Freud*. Rio de Janeiro: Imago.

3. Uma janela com vista[1]

Anne Lise di Moise Silveira Scappaticci

Em meu trabalho, penso na questão de gênero como entrada na vida psíquica, algo maior e não apenas "gênero" ou "sexo" ou, ainda, "sexualidade", na acepção mais restrita e literal da palavra. Diante deste amplo espectro, resolvi escrever este capítulo apoiada nas análises de mulheres de todas as idades as quais tive a oportunidade de acompanhar.

Penso que, de algum modo, a feminilidade do analista está sempre presente no relacionamento. O feminino não é prerrogativa de gênero, é poder pensar com a emoção em alguma coisa cuja natureza permanece envolvida no mistério. A feminilidade não pode ser revelada. Se houver condições, pode ser vivida...

---

[1] Referência a *A room with a view* [*Uma janela para o amor*], filme de 1985.

Meg's Room. **Meg Harris Williams. Florence,1974.**[2]

Mistério é algo original, origem de cada um, o que leva à busca de aproximação ao longo de toda a vida, nunca o bastante. Uma condição de infinitude que vai ganhando formas finitas à medida

---

2 Meg Harris Williams mencionara que seu pai adorava barcos, sua mãe, flores, e Meltzer, cavalos. Ao responder, abriu os braços na direção do jardim que se divisava do escritório onde se realizava a entrevista. Posteriormente, mandou uma foto de um quadro pintado por ela décadas atrás em Florença, com a seguinte mensagem: "Algo me ocorreu após a entrevista em sua casa quando você perguntou sobre qual *setting* eu preferia para o meu trabalho, e eu disse: 'como este, de dentro para fora'. Depois me lembrei que fiz este pequeno quadro quando eu era estudante na Itália, do meu quarto (em 1974). É o tipo de configuração que eu gosto – escrivaninha na frente de uma janela, de preferência aberta ou, pelo menos, com uma vista!" (Entrevista realizada em 26 de outubro de 2014, na residência do entrevistador Luiz Carlos Uchôa Junqueira Filho, com a presença de Marina Massi e Any Trajber Waisbich)

que descobrimos nosso próprio método de apreensão do real e que podemos gradualmente ir descartando a fantasia onipotente de posse deste. Melanie Klein focalizou o mundo primitivo feminino de maneira concreta. Descreveu o espaço mental físico/psíquico, nas angústias e ansiedades precoces da mente da menina ligada aos seus relacionamentos com seus objetos internos. Curiosidade e respeito pelo interior do corpo materno constituindo seu interesse pela descoberta de seu próprio mundo interno ampliando o sentido de responsabilidade. Assim, uma janela abre-se para o infinito, feminilidade. Por outro lado, descreveu o desejo de possuir e esvaziar o ventre materno, o espaço mental íntimo e sagrado sendo vorazmente profanado, despertando o receio de retaliação, Apocalipse (Chasseguet-Smirgel, 1983). Melanie Klein retrata o estado de caos e desamparo do recém-nascido, fragmentação, que se converte facilmente em perseguição. A Luta para sair da Melancolia e tolerar o Luto pela dor provocada. O preponderar dessa dimensão satura o mental de dor não sentida. Luta-dor...

Em sua autobiografia, Bion (1982a) descreve as indagações da criança quanto aos temas que permanecerão no mistério...

> *À noite, nós ficávamos juntos perto do harmônio portátil enquanto minha mãe, à luz de uma lâmpada a óleo, cuidadosamente selecionava melodias em que eu e minha irmã a seguíamos cantando, sobre a colina verde – tão verde se comparada com a Índia ressecada e ardente daquele dia que tinha acabado de terminar – e sua pequena muralha cheia de jóias. Pobre colininha verde; porque não tinha uma muralha de cidade? Levei muito tempo para perceber que o desafortunado poeta queria dizer que ela não tinha nenhuma muralha de cidade, e*

mais ainda para perceber que ele quis dizer – por incrível que pareça, que ela estava fora da cidade. (p. 5)

A Verde Colina, que tanto encantava o menino, é o processo de descoberta do mundo mental, luzes e sombras. A aproximação deste mundo misterioso é realizada pela associação de elementos sensoriais (elementos beta flexíveis?) colocados lado a lado de modo que, em suas nuances e em seu novo conjunto, proporcionam ampliação. Estética e mistério.

E quanto à beleza de uma rosa?! "A rosa é ela mesma, seja lá que se possa ter sido dito que ela seja..." (Bion, 1965/2004, p. 153)

Meltzer (1983/2008) descreve a experiência estética, o suportar a emoção do impacto com a alteridade: o gênio ou o genial é conseguir transcender a cesura, não permanecer paralisado. Bion focaliza a mente viva inquieta envolvida na perene tensão entre as forças continente-contido, nos sinais feminino-masculino, descrevendo o relacionamento que deve ser investigado a cada momento por meio do modelo visual que remete à sexualidade de maneira expandida: ♀ ⇔ ♂. A representação da relação continente-contido, com sinais "feminino dupla flecha masculino", traz uma notação: ao descobrir a feminilidade, colocamos em evidência a tensão existente entre o feminino e o masculino em nós mesmos, um intercurso psíquico, algo que pode ser algumas vezes realizado na clínica psicanalítica. Nestes momentos, vivenciamos a tensão do contato com o desconhecido, do nunca abordado, que, de um lado, desperta a curiosidade e, de outro, o medo pelo tumulto que a experiência emocional engendra. Cunhar uma linguagem que aborde estes estados desconhecidos e incognoscíveis é um esforço de escrita autobiográfica do seu criador. Cada autor possui profundamente uma noção pessoal da própria verdade e esta seria a sua janela para o mundo... A feminilidade é a conversa permanente e íntima entre o sentir e o pensar, funções interligadas e nunca completamente satisfeitas. Justamente por unir ambas cada vez que uma noção de si é atingida, apesar de ser uma sensação de acordo efêmera, ela permanece no psiquismo de maneira profunda – assinatura da alma?!

Neste sentido do feminino/masculino como uma relação do intercurso psíquico que pode abrir ou fechar o contato com o próprio mistério, gostaria de refletir a respeito da encruzilhada que nos remete ao aprisionamento nas questões edípicas, ao ser ou não ser, em que uma tomada de decisão é necessária. Essas questões foram amplamente descritas por Freud, ao propor o Ideal de Ego ou o Superego como sucessor do complexo de Édipo. Melanie Klein e Bion complementaram: é a violência de um Superego severo incrementando a distancia, a hipérbole, entre os vértices da idealização e da possibilidade de ser si mesmo. A personalidade está mergulhada no grupo, no *establishment*, no lugar onde deveria estar, na impossibilidade de sentir "a dor e a beleza de ser o que é". Permanece aprisionada na terra de ninguém, ora Luto, ora Melancolia, o entretenimento da briga edípica com seus objetos internos que percebe fora de si mesma. Dissolve-se no grupo. Não se lança no espaço... Renuncia à liberdade.

Tive o privilégio e a oportunidade de fazer parcerias com várias meninas-garotas-jovens-mulheres em meu trabalho. De alguma maneira elas participaram da minha própria evolução como ser humano e como mulher. Escrevi estas ideias partindo do pressuposto de que a feminilidade é busca de identidade, de si-mesma; algo intrínseco, indubitavelmente parte de mim: floresce na dupla analítica.

Refletindo a respeito da minha feminilidade, penso que cada mulher, mesmo a mais jovem, possua internamente uma perspectiva idiossincrática de sua feminilidade baseada em sua própria personalidade. Entretanto, vislumbro, enquanto escrevo, as

Amazonas; ouço as Valquírias. Observo o furor de uma espécie com características marcadas pela força grupal que urge por se perpetuar: o canhão matando as flores...

Exposição permanente "Il bello ed il vero". La scultura napoletana del secondo Ottocento e del primo Novecento, tutte le opere trovano oggi una nuova sistemazione permanente [A escultura napolitana do final do século dezoito e início do século dezenove. Todas as obras encontram atualmente uma nova sistematização permanente]. Museu Maschio Angioino, Nápoles.

Tudo isso nos faz aceitar a provocação pitoresca de Freud, que admite sua própria insuficiência sobre o assunto. Fazemo-la também nossa: "Se vocês quiserem saber mais sobre a feminilidade interroguem suas próprias experiências de vida, enderecem-se aos poetas, ou então esperem que a ciência possa vos dar informações mais aprofundadas e coerentes" (Freud, 1933/1996, p. 165).

"*Fluctuat nec mergitur*" [Açoitado pela tempestade, mas não submerso], o moto de Paris que tanto encantou Freud: o analista é uma pessoa real que, portanto, sente seus sentimentos. Nós, psicanalistas, assim como nossos pacientes, tememos permanecer envoltos na turbulência tempestuosa das ansiedades primitivas que o sentir convoca: "não se espera que um oficial esteja inconsciente de uma situação aterrorizadora e perigosa; espera-se, no entanto, que ele seja capaz de continuar pensando caso se encontre em uma posição em que surja o pânico, o medo..." (Bion, 1979/1992, p. 171).

Neste trabalho, decidi minha escrita a partir do que sinto e, então, do que consigo pensar: arrisco. Acho de fundamental importância fazê-lo. No entanto, sei que "não se pode arriscar uma imaginação sem ser vulnerável à acusação de que estamos simplesmente indulgindo com nossa imaginação". Afinal, é essencial se submeter à experiência, ao sonho no qual eu possa me reconhecer...

Eva ou Evita?[3]

Ou um título mais provável: "Permanecendo no TUMULTO" ou "Tu-Muito", ou ainda "*Too Much*"...

Primeira sessão

Evita.

Com um bom tempo de atraso, abre a porta batendo-a com força contra a parede. Entra esbaforida.

Olha bem para mim, fuzilando. Cruza os braços e diz olhando para cima: "*Você não foi ao meu aniversário e eu fiquei te esperando!*"

---
[3] Caso clínico apresentado pela autora na IX Jornada Psicanálise: Bion 2016, da Sociedade Brasileira de Psicanálise de São Paulo.

Diante de mim, "vejo" a figura de um Pequeno Ditador e logo surge a frase: "*O que os olhos não veem, o coração não sente*". Será que ela me viu? Será que está ali? "*É, realmente uma pena*", digo, tentando manifestar meu sentimento de pesar e de frustração, "*mas como conversamos, eu não posso ir ao teu aniversário. Contudo estou aqui, agora, com você!*"

O que digo parece não surtir efeito algum. Logo, a mesma frase surge em mim, mas ao contrário: "Coração que não sente, olhos que não podem ver"...

Sou então tirada de mim, sinto-me bombardeada por mísseis, inúmeros comentários de reprovação: "*Você não é de nada mesmo, não é?!*" "*Acabou com a festa!*" "*Para que você serve?!*" Ao toque militar, enquanto vagueia pela sala, não me dirige o olhar.

Estou sentada no pufe, tentando manter/permanecer em contato visual e mental com ela. Vou então diminuindo de tamanho, sinto-me pequenininha. Penso num comentário de Alice, no País das Maravilhas, que, diante da indagação "quem és tu?", responde, manifestando seu incômodo: "tantas vezes já aumentei e diminui minhas proporções, que nem sei mais!"

A altivez de Evita e seus comentários geram uma profunda impressão em mim. Tenho a sensação de levar tiros de uma artilharia já pronta, cheia de munição. Não parece existir espaço para a existência, vida, de mais nada. Só matança de qualquer coisa viva que se mexa. Lembro-me da expressão "Num mato sem cachorro". De onde vem? Provavelmente das caçadas... A floresta, ambiente inóspito. Lembro-me que os bandeirantes achavam difícil adentrar nas florestas sem os cachorros...

O clima da sala recorda a floresta vietnamita. A sensação é de medo, paranoia e violência. Pessoas, árvores, floresta, animais, tudo parece camuflado. Mineral? Vegetal? Animal? *Anima-Viva* [Alma viva]? E as flores? Vencem os canhões?

"*É mesmo!*", digo enfatizando minha impotência diante de tal situação. "*Parece que não sou de nada mesmo diante de tudo isto!!*"

Diante da minha dramatização, Eva ri um pouco e então parece que, pela primeira vez, olha-me fugazmente, com o cantinho dos olhos.

Complementa: "*Nem de marmelada ou goiabada!!*"

Logo depois, entretanto, se recompõe e continua Evita.

O clima da sala é de guerra e de sofrimento. Atrás de uma postura "adulta", de superioridade e arrogância, deve se esconder uma criança, penso. Mas onde ela está?!

Escondida atrás do pufe, como numa guerra, lamento-me: "*Está difícil sobreviver por aqui. Sou pequena e aí fora tem uma guerraaa!!*"

Eva inicia então a mexer com a tinta vermelha. Faz pingos com seu dedinho numa folha de papel. Seu toque firme parece como tiros que furam a folha e vão acabar na mesa. Sinto um certo alívio e me parece que ela também.

"Ouço" dentro de mim, naquele momento, a música "Sunday Bloody Sunday" do U2, na qual o poeta canta seu sofrimento pela guerra civil entre os norte-irlandeses e o Reino Unido eclodida numa manifestação em 1973. Muitos inocentes foram mortos. "How long? How long?!" Decido cantar para ela a música que está na minha cabeça: "*Quanto tempo, quanto tempo vai durar este sofrimento? Quanto tempo será necessário?! Se eu tivesse visto a vida...*"

Agora suas mãos estão cheias de tinta e ela diz: "*É! O papai não foi ao aniversário... Falou que não vem mais me pegar...*" Então olha bem direto em meus olhos e, séria, pergunta: "*Você acha que ele está brincando, não é?*"

A vontade é de confortar, responder logo à pergunta. Eu digo: "*Quanto sofrimento você está passando... Tá difícil e dá muito medo.*"

Vejo uma cabeça despontar na porta. Penso: a sessão deve ter terminado há alguns minutos e estamos tão imersas que demoramos para reconhecer a mãe da menina. A mãe fita-me com olhos curiosos. Resolvo então a situação. Despeço-me e vou para minha sala.

Na sala de espera, minha cliente demora para sair. Ouço o seu choro pelo corredor.

Segunda sessão

Aguardo bom tempo.

Evita chega correndo. Quando entra, não me olha e casualmente diz: "*Teve a festa. Foram todos menos você e o papai*". Continua num clima muito dramático descrevendo a situação. Do seu modo firme e claro, automático, sinto aumentar a distância entre nós. O clima é árido. Um discurso muito articulado e vazio. Quase uma encenação?! Sem emoção.

Procuro por mim, procuro não des-existir, partir dali. Encontro-me sem energia para repetir a argumentação de que não poderia ir ao seu aniversário para preservar a nossa relação. Aquele pensamento soa como uma "ladainha". Reza?!

Seria fácil, penso, resolver esta minha angústia simplesmente dizendo que ela está se vingando de mim (de nós, de nosso tempo juntas), já que não pode dizer a seu pai aquilo que sente ou pensa dele. Mas será que é o que sente? Sentimento? Pensamento? Decido permanecer em silencio.

Evita continua seus lamentos espalhando todos os brinquedos de sua caixa pelo chão. Não tem parada, nem sossego. Não para de falar e não para de atirar coisas para lá e para cá, como quem rapidamente não vê interesse algum por nada. Os brinquedos, espalhados, vão perdendo sua finalidade, sua discriminação. Destroços. Parece que estamos numa espécie de lixão.

Fico num espaço muito restrito da sala, atrás do pequeno divã.

Comenta que não pode gostar do C (companheiro da mãe) para não desagradar seu pai. Seu discurso é adulto, sem emoção. Sinto que participo de um teatro, como se ela fosse um papagaio repetindo as frases que ouviu de outras pessoas. Uma matraca? Não eram as matracas que faziam barulho para imitar as metralhadoras? Estaria minha paciente impondo medo para não sentir sua fragilidade? Será que tenta me paralisar, ilhada como estou neste cantinho? Penso mergulhada em meio a tantas frases repetidas que já não sei mais do que se trata.

Comento: *"Que pena! Tua cabeça está tão ocupada com tanto barulho que não consegue nem brincar, ou pensar, estar aqui comigo"*.

Ela para e olha para mim. Estou ilhada num cantinho. Visto que consigo a sua atenção, insisto: *"Olha só a nossa sala, ficamos sem nada: sem brinquedo, sem brincadeira, sem encontro e sem conversa..."*

Naquele momento parece que surge algo nela. Uma espécie de ternura. Recolhe todos os brinquedos parecendo muito preocupada e cuidadosa. Diz: *"Preciso colocar tudinho no lugar, A.!"*

Logo depois pede um copinho e começa a picá-lo em pedacinhos. Fala que seu pai disse que não virá mais buscá-la, mas que ela acha que ele estava brincando. "Ouço" um tom sofrido. Num relance, olho para o chão da sala e sou tomada por uma forte emoção. Não saberia explicar, é um mistério para mim. Os pedacinhos de plástico espalhados pelo chão da sala que os reflete como numa superfície espelhada. É muito belo. Parece-me uma "instalação".

Decido comentar esta minha impressão: "*Puxa, você espalhou seu choro por toda a minha sala!*"

Eva diz: "*É, tenho medo de machucar meus pés!*"

Sugiro: "*É como caminhar em caquinhos de vidro...?*"

Sinto o seu olhar profundo apoiado em mim.

Saímos ambas impactadas.

"La donna è mobile". O real é tão móvel...

"Qual é a distância entre você e você mesma?!", o analista parece perguntar... Mas será que sei disso? Será que me dou conta de que a linguagem que utilizo, algo sensorial, é apenas uma manufatura para comunicar uma experiência fora das palavras?!

Freud, em 1913, no texto "A disposição à neurose obsessiva. Uma contribuição ao problema da neurose" escreve: "Contudo, não temos afirmado sem boas razões que todo homem possui em seu próprio inconsciente um instrumento com o qual pode interpretar as manifestações dos demais". Naquela época, sua escrita parecia estar tão próxima à dor de sua paciente, cuja enfermidade tinha sido provocada pela frustração do desejo de ter um filho devido à esterilidade do marido...

Neste esquema, que aparentemente é amarrado por causas e efeitos, parece que o psicanalista, Freud, capta algo mais, como um elo oculto de uma comunicação de natureza misteriosa. Em seu estudo "Fragmento de um caso de histeria" (Freud, 1905/1996), assim como em outros trabalhos, transparece no recurso da beleza literária uma estética que nos remete à atmosfera da sessão, como se estivéssemos muito próximos. Parece que assistimos a um filme. Para mim, poucas vezes temos o privilégio de presenciar descrições de sessões que nos remetam a esta qualidade da experiência emocional vivida. ELA É VIVA. Penso que o recurso estético seja único para iluminar o que acontece quando *há* um encontro. Contudo, nos refugiamos providenciando dados de anamnese, ficamos presos na defesa do anteparo dos conteúdos cronológicos facilmente reproduzíveis pelo senso comum. Algo linear, afastando-me da experiência pela lógica da razão. Tudo isso diante da perspectiva arriscada da aposta de formular uma profunda impressão traduzida em palavras com o recurso da imaginação e, ainda mais, de publicar essa experiência!

Para o meu interesse neste trabalho, enfatizo que o viver a sessão e o seu relato, pelo frescor da experiência, aparece como um convite para trazer para si aquela condição de origem, tão própria de cada um. O relato estético de uma sessão – muitas vezes pouco apoiado pelo *establishment* – parece facilitar as condições para estudar a natureza *a priori* da personalidade, aproximando assim das pré-concepções de si-mesmo. Gostaria de abrir a janela da feminilidade a partir deste enfoque.

Cavalgada...

Estou diante de uma mulher que chora um choro sentido e desesperado que me faz remexer na cadeira sem encontrar conforto.

Suas lágrimas parecem esvaziar seus recursos, seu continente.

Embora siga seu discurso, seu tom de lamento me lança para longe de seu conteúdo. O clima é de desesperança. A rosa está despedaçada, ela repete e repete. Olho para ela e paro em seus cabelos.

Está deixando-os crescerem grisalhos e então metade da cabeça é cinza e a outra, preta. É quando, de repente, digo para ela que estou ouvindo uma música; Roberto Carlos, eu complemento, "Cavalgada", se intitula. Ela responde que aquilo parece brega demais e eu concordo com um "sim, muito", mas a música e a situação me emocionam. Procuro na internet o trecho que me vem à cabeça. Mostro para ela. Ouvimos a música juntas...

> *Vou me agarrar aos seus cabelos / Pra não cair do seu galope... Sem me importar se neste instante sou dominado ou se domino / Vou me sentir como um gigante / Ou nada mais do que um menino... / Estrelas mudam de lugar / Chegam mais perto só pra ver / E ainda brilham de manhã / Depois do nosso adormecer / E na grandeza deste instante / O amor cavalga sem saber / E na beleza desta hora / O sol espera pra nascer.*
> (Carlos, 1977)

Refletindo sobre esta sessão, assim como em tantas outras experiências, tive a oportunidade de compartilhar uma conversa com minha cliente indescritível e íntima. A partir deste momento, talvez, seja possível pensar em padrões de transformações mais gerais: a feminilidade "tropeça" na encruzilhada pré-edípica/edípica. O temor é de permanecer submersa na "con-fusão" com a figura materna ou ainda submetida às brigas com seu irmão ou com seu namorado, seus objetos internos, como uma menina queixosa e raivosa. Minada-mimada, com ódio do trabalho interno que o viver comporta. Qual é a Cavalgada? Valquírias ou a cavalgada romântica da descoberta?

Eu sonho:

"*Onde fica a saída?*", perguntou Alice ao gato que ria.

"*Depende*", respondeu o gato.

"*De quê?*", replicou Alice.

"*Depende de para onde você quer ir...*"

Um dia escrevi:

> *as vivências de desespero, incerteza e desamparo solicitam que a analista se coloque diretamente em cena, e assim passa a protagonizar a experiência. O impasse propõe uma situação de encruzilhada Edípica para a personalidade dos envolvidos, para a própria analista. A abordagem clássica, do modo que geralmente é entendida, não está disponível: não estamos num nível simbólico de representação. Uma abordagem estética é necessária. Imersos no espesso nevoeiro, a entrada no campo do desconhecido é inegável. (Scappaticci, 2016)*

A Encruzilhada a que me refiro aqui é a tomada de decisão, um elemento de psicanálise e, portanto, da personalidade: ir em busca de si-mesmo ou esvair-se?!

Bion (1965/2004) comenta essa decisão em relação ao analista no final do segundo capítulo de *Transformações*. Atendendo crianças, penso que o instante crucial de decisão pode ser sentido pelo analista na sala de análise; capto nele uma *intencionalidade*, é o momento de "virada" na vida: ser ou enlouquecer...

Reporto o trecho que tanto me agrada:

> *Em que medida a comunicação do paciente é o instrumento mais direto e informativo que ele pode empregar, ainda que pareça tão obscuro? Será sua obscuridade devido a uma dificuldade da natureza do problema para o qual ele busca ajuda? Será sua obscuridade devido a uma dificuldade da natureza do problema para o qual ele procura ajuda, ou a obscuridade se deve a necessidade de ocultação? A tarefa do analista é distinguir uma coisa da outra (p. 36).*

Revelar ou ocultar? Fé e Esperança... Lembra-me *Turandot*.[4] O desafio não é para ser revelado ou mesmo entendido. A feminilidade é misteriosa e mantida pela fé:

> *Straniero, ascolta! Nella cupa notte / vola un fantasma iridescente.[5] / Sale, / dispiega l'ale / sulla nera, infinita umanità! / Tutto il mondo invoca, / Tutto il mondo lo implora! / Ma il fantasma sparisce con l'aurora / Per rinascer nel cuore! / Ed ogni notte nasce ed ogni giorno muore!* (un breve silenzio) *Il príncipe ignoto* (con im-

---

4 Turandot é uma ópera em três atos com música de Giacomo Puccini e libreto em italiano de Giuseppe Adami e Renato Simoni. Foi estreada em 26 de abril de 1926 no Scala de Milão.

5 Alguns significados de "iridescente" segundo o *Il nuovo Zingarelli, vocabolario della lingua Italiana*: "íride" vem de arco-íris (grego), a íris, no sentido da parte colorida do olho que se "des-mancha" em nuances, tonalidades diferentes. O sentido da palavra é o fenômeno óptico pelo qual um feixe de luz se decompõe nas cores da íris. No sentido da zoologia, "iride" é uma borboleta belíssima e rara cujo macho possui asas negras com reflexos vivos. Essa borboleta vive nos bosques da Itália setentrional. Segundo o *Dicionário Aurélio*, "iridescente" é o que apresenta ou reflete as cores do arco-íris.

provvisa sicurezza): Si! rinasce! Rinasce! E in esultanza / Mi porta via con sé, Turandot, / "La Speranza".[6]

Naquela sala surgem improvisamente contos da minha infância, como "O sapatinho vermelho", "A menina e a caixinha de fósforos" e "A princesa e o grão de ervilhas". A feminilidade da analista é convocada...

Sofia sofria... A menina do reloginho

A menina que gosta tanto de monstros parece-me viver aterrorizada. É uma fadiga permanecer na sala com ela. Um dia sua mãe cochicha para mim que deve ir ao banco. Digo a ela para referir aquilo a sua filha. Depois de uns quinze minutos, a menina sai da sala e vai certificar-se de que a mãe realmente não está lá. Voltamos para a sala com muito custo, ela vem choramingando e eu vou tentando reassegurá-la de que permanecerei ao seu lado. Então, percebendo que a situação vai ficando insustentável, proponho: *"Vou te contar uma história".* Mostro o meu relógio de pulso – presente que recebi de minhas filhas no Dia das Mães! – e digo: *"Era uma vez um ponteirinho pequeno, que caminhava lentamente..."* S. continua desenhando na mesinha ao meu lado distraidamente, como se não estivesse ligando muito. Continuo: *"Este ponteirinho pequenino era importante, porque, embora fosse o mais lento, quando chegava nos lugares certos, tinha passado mais uma hora. Mas*

---

6 Tradução livre: *"Estrangeiro, escuta! Na noite profunda / voa um fantasma iridescente. / Sobe, / Abre as asas / Sobre a negra, infinita humanidade! / O mundo inteiro o evoca, / Todo o mundo implora por ele! / Mas o fantasma desaparece com a aurora / Para renascer no coração! / E a cada noite nasce / e a cada dia morre!"* (breve silêncio) Príncipe desconhecido (com segurança inesperada): "Sim! Renasce! E exultando / me leva com ele (junto), Turandot, / 'A Esperança'".

ele não trabalhava sozinho, nem seria possível! Ali vivia também..." Ela pergunta rindo: *"Ali aonde? Dentro do relógio?" "É claro! Ali viviam outros dois ponteiros: um ponteiro médio que ia um pouco mais rápido do que o pequeno e um outro que, de tanto correr, tinha ficado muito magrinho!"* Quando paro ela me pede: *"Conta mais um pouquinho".*

Ensaio de mulher...

Um dia, somos advertidas pela avó na sala de espera que sua mãe tinha comprado um sapato de saltinho para ela. Ela levou sua neta para a sessão e trocou seus sapatos. O salto para uma criança de 3 anos era inadmissível numa estirpe de médicas! Entramos na sala e a menina permanece sentada emburrada agarrada a sua bolsinha. Não sei o que fazer. Quando pergunto como se sente ela grita uma espécie de "alto lá" e logo me coloca no lugar subalterno da filha mais velha cumpridora de todas as ordens. O clima é quase insuportável. A demanda é de fazer uma relação sadomasoquista na qual eu fico tentando sair e reproduzir o que estou sentindo, mas não encontro interlocução. Então, lembro-me de uma história que ouvi em minha infância, da menina pobre que é adotada e resolve manter escondidos para si seus sapatinhos vermelhos encantados. Quando, de repente, ela tira seus sapatinhos da bolsinha, mostrando-os e dizendo que são ornados por um tipo de pedra preciosa.

Beatriz não adormecida e o que ela me conta...

Penso que da minha escrita dá para intuir o clima de suspense transmitido pela sua fala...

É que não consegue dormir cedo e assim acaba atrasando muito no trabalho de manhã. Diz, quase confessando, que chega ao trabalho às 10h30. Ela vai dormir às 3h e isso, complementa, já era algo que acontecia anteriormente, só que começa a tornar-se um hábito. Chega à casa umas 10h30/11h e liga a TV. Fica hipnotizada. Coloca três despertadores diferentes e o celular, mas acaba dormindo tão pesado que nada a acorda. Durante a madrugada anterior, acabou a luz e, na hora que encontrou velas, a luz voltou e ela voltou para a TV. Ficou sozinha: ela e a cachorrinha.

Hamlet aguardando pelo fantasma do pai à meia-noite... Dou-me conta do "clima" que avança como uma nuvem encobrindo tudo, enquanto eu tento permanecer na experiência emocional com ela.

Enquanto Beatriz faz esses relatos acontece algo curioso comigo. Sou "invadida" (sonhada!?) pela música que eu cantava às minhas filhas antes de dormir, de *Os Saltimbancos*, que dizia algo assim:

> *Dorme a cidade / Resta um coração / Misterioso / Faz uma alusão / Soletra um verso / Lavra a melodia / Singelamente / Dolorosamente / Doce a música / Silenciosa / Larga o meu peito / Solta-se no espaço / Faz-se certeza / Minha canção / Réstia de luz... (Buarque, 1981)*

E vou refazendo dentro de mim a experiência de ninar um filho pequeno e a ideia que vem é "do investimento que é adormenta-se", algo gradual do trabalho onírico, condições para poder dormir, talvez pensar, sonhar... Estou com a música na cabeça boa parte da sessão enquanto ela continua nas minúcias de seu relato.

Resolvo interrompê-la e contar o que está se passando comigo enquanto a escuto. Digo a ela que, para dormir, é necessário certo acordo consigo mesma, aconchego para "desenovelar" as coisas que estão na nossa cabeça. Canto um pouco para ela: "Dorme a cidade, resta..." Lança-se no espaço!

Cai um silêncio. O clima parece da maior introspecção. Beatriz vai ao relato de mais fatos que costumam acontecer de madrugada e acaba fazendo ligação com o funcionamento de seu pai, coisa que ela teme, e eu chego "a sentir" também seu temor. Ela treme. Toda a sua vida, sua vida mental, conduzida ou reduzida a tão famigerada identificação com a psicopatologia do pai, que era bipolar. Conta que ele tinha dificuldade de dormir. Ficava na sala deitado num colchonete como um indigente, mas que, no final, voltou a dormir em seu quarto. A sessão é diferente, é plena de movimento, ela vai, ela vem, sua mente passeia até que adormece. Preciso despertá-la no final de seu horário...

Refletindo...

A thing explained is something we no longer have any concern with[7]

Nietzsche (1886)

Escrevi estas breves linhas suspeitando que a feminilidade dependa enormemente da liberdade e da coragem de utilizar a intuição do analista. Algo que não pode ser medido pela ciência no seu sentido tradicional. Encontra-se na intersecção, na unidade, entre o sentir e o pensar, aspectos da minha humanidade. Escrevo e trabalho a partir da curiosidade e do medo que a experiência emocional engendra em mim e, portanto, a partir do que me é possível tolerar. Nenhum analista vai além... Neste sentido, nosso trabalho

---

7 Aforismo de Nietzsche. Bion descreveu uma ideia semelhante quando escreveu "dead but not yet buried imagination".

é autobiográfico. A feminilidade é uma perspectiva de verdade idiossincrática de cada personalidade. Uma própria perspectiva à espera de descoberta: uma janela com vista!

E quem quiser que conte outra...

Despeço-me com o "Tema de Alice", interpretado por Adriana Calcanhoto (1994):

> Se eu não disser nada / Como é que eu vou saber? / Onde fica a estrada / Do castelo do querer / Qual a resposta? / Me diga, então / Qual é a pergunta? / Se eu não disser nada / Como eu vou saber / Onde fica a chave / Do mistério de viver?

Referências

Bion, W. R. (1965/2004). *Transformações: do aprendizado ao crescimento.* (Paulo Sandler, trad.). Rio de Janeiro: Imago.

Bion, W. R. (1979/1992). *Conversando com Bion. Quatro discussões com Wilfred Bion. Bion em Nova York e em São Paulo* (Paulo Sandler, trad.). Rio de Janeiro: Imago.

Bion, W. R. (1982a). *La lunga attesa. Autobiografia. 1897-1919.* Roma: Astrolabio.

Bion, W. R. (1982b). *The long week-end 1897-1919: part of a life.* Abingdon: Fleetwood Press.

Buarque, C. (1981). Minha canção. In *Os saltimbancos trapalhões* [CD]. Universal Music Brasil.

Calcanhoto, A. (1994). Tema de Alice. In *A fábrica do poema* [CD]. Sony Music/Epic.

Carlos, R. (1977). Cavalgada. In *Roberto Carlos* [LP]. CBS.

Chasseguet-Smirgel, J. (1983). La feminidad del psicanalista en el ejercicio de su trabajo. *Rev Psicoanal.*, Buenos Aires, *40*(2), 257-270.

Freud, S. (1905/1996). Fragmento de um caso de histeria. In S. Freud, *Edição standard brasileira das obras psicológicas de Sigmund Freud* (Vol. 7, pp. 1-109). Rio de Janeiro: Imago.

Freud, S. (1933/1996). Introdução à psicanálise. In S. Freud, *Edição standard brasileira das obras psicológicas de Sigmund Freud* (Vol. 11, pp. 1-109). Rio de Janeiro: Imago.

Meltzer, D. (1983/2008). *Apprehension of Beauty: The Role of Aesthetic Conflict in Development, Art and Violence.* London: Karnac.

Imbasciati, A. (1983). Freud e le donne. In: A. Imbasciati, *Freud o Klein?: La femminilità nella literatura psicoanalitica postfreudiana* (pp. 7-24). Roma: Aramando Armando.

Scappaticci A. (2016). Sobre o desamparo frente a estados de não integração [Trabalho apresentado em reunião científica no dia 25 ago. 2012]. *Revista Berggasse 19*, *VI*(2).

4. Violência feminina: as mães na dinâmica incestuosa

Gisele Gobbetti

Segundo a teoria de Freud (1930/1980), os desejos incestuosos são inerentes ao ser humano, mas a proibição da atuação desses desejos é necessária para o desenvolvimento do indivíduo e da sociedade. A proibição do incesto é a lei primordial que permite a individualização do ser humano e a sua inserção na cultura, delimitando funções.

Sendo o desejo incestuoso presente em todos os seres humanos, não é estranho o fato de a maioria dos casos de abuso sexual relatados ocorrerem entre pessoas conhecidas, principalmente pessoas da própria família. Acredita-se que o número de casos de incesto seja bem mais alto do que o número de casos denunciados, já que as peculiaridades desse tipo de relação promovem o segredo familiar.

Desde 1993, o Centro de Estudos e Atendimento Relativos ao Abuso Sexual (CEARAS) estuda o tema do incesto e presta atendimento em saúde mental a famílias em que houve a denúncia de um abuso sexual entre os seus membros.

Consideramos que o incesto manifesta-se por meio do relacionamento sexual entre pessoas que são membros de uma mesma família (exceto os cônjuges), sendo que a "família" não é definida apenas pela consanguinidade ou mesmo afinidade, mas, principalmente, pela "função parental social" exercida pelas pessoas dentro do grupo (Cohen e Gobbetti, 1998).

Sendo o incesto caracterizado por relações sexuais abusivas de extensa duração de tempo, normalmente anos até que sejam denunciadas e interrompidas, percebemos que todos os membros da família estão envolvidos, contribuindo, de forma consciente ou inconsciente, para perpetuar a relação incestuosa.

Por meio do trabalho do CEARAS, percebemos que as relações incestuosas são muito mais complexas e não podem ser atribuídas apenas à presença de um indivíduo "doente" dentro da família. Não consideramos possível atribuir a atuação do incesto ao funcionamento mental de um ou dois indivíduos, pois, como em qualquer outra situação na qual seres humanos estejam envolvidos, é resultado de interações de todo o grupo. Encarar alguns indivíduos como agressores e outros como vítimas, na intenção de exclusão dos primeiros, nada mais é do que o reflexo de uma sociedade paternalista que atua de um modo "esquizoparanoide", fazendo esta cisão entre "bom" e "mau" e projetando os aspectos "maus" nos rotulados "agressores", afastando, assim, a angústia gerada pelos próprios desejos oriundos das fantasias edípicas.

Embora as mulheres não figurem como "agressoras" em casos de abuso sexual, aparecendo apenas como "vítimas", fica sempre uma dúvida. Há grande número de pesquisas que explora a questão de indivíduos que foram vítimas de abuso sexual tornarem-se, na adolescência ou vida adulta, perpetradores desse tipo de abuso. Como explicar essa divergência de dados se a maioria dos "abusadores" são homens e a maioria das "vítimas" são meninas?

A experiência clínica com as famílias incestuosas nos deu essa resposta, mostrando um abuso sexual pouco denunciado: o abuso cometido pelas mães. Dados objetivos contribuem para confirmar a participação destas por meio da omissão: a denúncia das relações incestuosas entre pai e filha(o) ou entre padrasto e enteada(o) normalmente é feita pela mãe quando esta já estava separada do marido/companheiro anteriormente. Quando a mãe denuncia o atual companheiro, percebe-se que as denúncias surgem como consequências de conflitos entre o casal, que não coincidem com a descoberta do abuso sexual; na verdade, as denúncias aparecem mais como uma atitude de vingança contra o companheiro do que uma preocupação com a criança. A dificuldade da denúncia do companheiro pelas mães de crianças ou adolescentes abusados parece ser o indício de uma complexa relação, na qual há uma impossibilidade de proteção ou cuidado materno aliado à relação incestuosa.

Forward e Buck (1989) nomearam as mães, nos casos de incesto entre seus companheiros e as filhas, de "cúmplices silenciosas", pois também acreditam na participação das mães na maioria dos casos, sendo que as relações são marcadas não pelo que as mães fazem, mas pelo que deixam de fazer.

Fato interessante é o dado que temos no CEARAS sobre a denúncia de relações incestuosas entre irmãos; a maioria delas foi feita pelas mães, novamente contrariando o mito social de que as mães atuam sempre na proteção dos filhos.

Percebemos uma grande ambivalência de sentimentos das crianças e adolescentes em relação a seus "abusadores" denunciados, mas se revelam, muito mais nítidos, sentimentos de raiva ou desprezo em relação às próprias mães. Na verdade, a criança ou adolescente parece responsabilizar a mãe pela relação sexual, sentindo mais raiva pela não interdição do que pelo ato em si.

Outra observação é o histórico de abuso sexual nas famílias de origem dos casais; nota-se também, em alguns casos, que o histórico de abuso é apenas na família materna em casos de relações incestuosas denunciadas entre pais e filhos ou mesmo entre irmãos. De alguma forma, essas mães parecem repetir a dinâmica incestuosa da família de origem.

Dados clínicos também apontam a participação ativa das mães na relação incestuosa: abusos sexuais não denunciados por não serem percebidos enquanto tal devido ao acesso sociocultural quase irrestrito dado a mãe em relação a seus filhos. Foi percebida em muitas destas famílias a extensão do período de amamentação para muito além de cumprir as necessidades biólogico-emocionais da criança; há mães que chegaram a amamentar filhos até praticamente 10 anos de idade. Também mães que davam banhos em filhos até na adolescência.

Embora as mulheres possam ser muito violentas nas famílias incestuosas, essa violência não é percebida socialmente, nem por profissionais da área de saúde mental nem, às vezes, pelas pessoas da família que são os alvos da violência.

Assim, venho notando dois tipos de atuação das mães na dinâmica incestuosa: ou são mães ausentes em sua função, que, em sua impossibilidade de cuidado com os filhos, são extremamente violentas, ou outras que traduzem a sua violência em cuidados excessivos com os filhos, consequência da percepção dos filhos como extensão de si próprias.

O cinema, como arte que representa os conflitos da vida real, tem trazido muitos filmes que retratam ao público com muita sensibilidade a dinâmica de famílias incestuosas.

Utilizarei, aliados à minha própria experiência clínica, dois filmes para ilustrar as observações dos dois tipos de atuações da violência das mulheres nas famílias incestuosas: *Miss Violence* e *Womb*.

Miss Violence

O título já é demonstrativo do conteúdo do filme: a violência é do gênero feminino.

Dirigido por Alexandros Avranas (ganhador do Leão de Prata de direção em Veneza em 2013), a produção grega *Miss Violence* escancara a violência numa família incestuosa. Violência essa encoberta numa trama familiar na qual, a princípio, o patriarca aparece como o grande agressor.

O filme inicia com o aniversário de 11 anos da personagem Angelikki; enquanto a família comemora, sem que esta perceba, Angelikki, com um sorriso no rosto, se joga pela janela.

Essa cena chocante vem antecedida de outra na qual se abre uma porta e desta saem Angelikki e a adolescente Myrto para a sala onde ocorre a festa.

A família, composta por um casal, duas filhas e três netos, mora em um apartamento, no qual quase toda a trama do filme se passa. Aliás, a configuração familiar é obscura para o espectador no início. O que se vê, a princípio, é um grupo de pessoas: duas mulheres (uma jovem e uma mulher de meia-idade), um homem de meia-idade, uma adolescente e três crianças. Não se sabe quem é o casal, quem são os filhos ou quem são os pais.

Nesse emaranhado de mulheres, há apenas um homem adulto e um menino. Quando fica claro que existem três gerações, fica a pergunta: quem é o pai dos filhos de Eleni, a jovem mulher?

Característica central do incesto é esta indiscriminação de funções, na qual não se sabe quem é pai, quem é mãe e quem são os filhos. Nessas famílias, os papéis sociais são confusos no grupo. E, emocionalmente, não se sabe quem é adulto e quem é criança. Mundos adultos e infantis também se misturam em adultos regredidos com escassos recursos emocionais e crianças aparentemente amadurecidas sob a estruturação de um falso *self*.

Família fechada – outra característica do incesto –, o grupo não se relaciona com outras pessoas. As tentativas de terceiros de se aproximarem das pessoas da família é interceptada não só pelo patriarca, mas também pela matriarca. O casal também se esforça (e obtém sucesso) para manter uma fachada de família estruturada diante de profissionais que tentam intervir em situações suspeitas.

No filme, o abuso sexual do patriarca com todas as filhas e netas é explícito. Da mesma forma que a conivência da matriarca aos atos de violência também o é. O pai mantém relacionamentos sexuais com as filhas e a fonte de sustento familiar parece vir da prostituição delas, já que o pai não consegue unir um emprego com o "cuidado/controle" que dirige à família. O abuso sexual com os netos também é insinuado, em momentos nos quais o avô parece utilizar-se de uma atenção especial com eles como moeda de troca a carícias sexualizadas.

As vivências emocionais traumáticas, como o suicídio de Angelikki, são encaradas pelos membros da família sem emoção alguma. Apenas Eleni, a mãe da menina e filha do casal, demonstra seu desespero pela situação e é imediatamente dopada com remédios pelo pai. Assim, dopada emocionalmente, num funcionamento psicótico, vai sobrevivendo à trama da família disfuncional.

Chama atenção a falta de emoção no rosto dos personagens, principalmente na mãe, que, também sujeita à violência do marido, reproduz a violência com os outros membros da família, por meio de sua total conivência às agressões e ausência de qualquer função de continência com as filhas.

A comunicação não verbal é marcante entre os membros da família; os olhares comunicam a violência e as reações perante esta.

A filha mais nova do casal, Myrto, é quem demonstra certo grau de sanidade, parecendo ainda manter contato com a realidade, apesar da dinâmica psicótica familiar. Em uma cena, ela culpa a mãe pelos abusos e esta retruca, justificando suas atitudes ou falta destas com os próprios abusos sofridos. Na mesma cena, é advertida pela filha por estar tomando a bebida do pai, e responde que será Myrto quem vai assumir o ato quando o pai perceber a falta.

Em outra cena, Myrto pede à mãe que destranque a porta para que ela possa sair e a mãe nega, alegando que a adolescente está de castigo. Castigo este decorrente das tentativas da menina de denunciar a dinâmica familiar e se relacionar com pessoas de fora da família.

Numa conversa com o pai, Myrto explica a cena inicial de abertura de porta que antecede o suicídio da sobrinha: ela havia contado a Angelikki que era aos 11 anos que seu pai começava a exploração sexual das filhas e netas. A partir daí, esclarece-se a escolha de Angelikki pela própria morte.

Enfim, concretiza-se a violência feminina, com o assassinato premeditado do pai pela mãe. Mais um abrir de porta, Eleni, com uma risada doentia, sai do quarto dos pais após deparar com o pai morto, ensanguentado na cama.

Apesar de o enredo deixar hipóteses, não é claro o que motivou a mãe a matar o pai, mas é certo que ela tem a condição (embora o tenha feito de forma muito primitiva) de encerrar a violência masculina na casa.

Cena final: todos reunidos na sala, como um exército sob o comando agora da matriarca, que ordena a Eleni que tranque a porta da casa. Ao espectador fica a dúvida: agora é a mãe que tomará as rédeas da violência explícita da família?

A dinâmica familiar disfuncional trazida pelo filme retrata muitas das famílias atendidas no CEARAS.

Um dos fatores que chamou minha atenção logo nos primeiros atendimentos por mim realizados foi a percepção de que os sentimentos de raiva ligados à relação incestuosa apareciam claramente com mais intensidade em relação às mães, e, contrariando o senso comum, não havia medo ou aversão dirigidos às pessoas denunciadas por terem cometido o abuso, parecendo que o maior sofrimento dessas crianças/adolescentes era o abandono afetivo representado pela não continência das mães.

Citarei aqui alguns dados de atendimento de uma família que foi tema de um estudo de caso anterior (Gobbetti, 2000) e na qual a função da mãe na dinâmica incestuosa em muito se assemelha à retratada no filme.

A família chegou ao CEARAS após uma denúncia anônima de abuso sexual de uma criança e uma adolescente pelo pai a uma instituição e a consequente denúncia à Vara de Infância e Juventude. No decorrer da perícia judicial, foi incluída mais uma criança na relação abusiva, neta do referido autor. Havia também três gerações envolvidas na dinâmica incestuosa.

Soube-se depois que a denúncia "anônima" havia sido feita pela própria adolescente. Segundo ela, sua relação com o pai durou dos 8 aos 16 anos, quando saiu de casa e foi trabalhar como empregada na casa de uma família (onde passou a morar). Dizia que todos sabiam da relação incestuosa e que o único que tentou falar sobre isso, seu irmão, foi afastado da casa (a mãe teria dito para ele "*não se meter*").

No início, participaram do atendimento familiar, além dos quatro envolvidos no processo, a mãe/avó e mais três de seus filhos (um destes é a filha a quem coube a guarda das duas crianças após a denúncia). Depois de alguns meses, passaram a frequentar o atendimento apenas os quatro envolvidos e a mãe/avó. Esta última não participou do atendimento por vários meses, pois literalmente "abandonava" a família, indo viajar para a casa de outros familiares. Ela era notadamente ausente tanto em sua relação com os filhos quanto em sua relação com o marido.

Cabe ressaltar que ambos os pais tinham histórico de violência e abusos na família de origem, parecendo, portanto, reproduzir a dinâmica de violência vivenciada.

No atendimento familiar, como no filme, a comunicação não verbal era muito presente entre os membros da família: a filha mais nova, principalmente, e a neta pareciam buscar dos pais/avós e da irmã mais velha autorização para falar por meio do olhar.

Quando se colocava em relação à situação de abuso sexual na sua família, a mãe demonstrava extrema agressividade em relação à filha mais velha envolvida e à neta – principalmente em relação à primeira, que era quem mais falava sobre isso. Nesta família, uma situação foi marcante pela violência materna: em determinada sessão, a mãe culpava as filhas e a neta pelo ocorrido, dizendo que isso não teria acontecido se "*elas não ficassem pela casa dando sopa e fossem trabalhar desde cedo, como fizeram outras filhas*".

A agressividade que a mãe dirigia à filha mais velha parecia ser consequência de um sentimento de traição. Pelas suas verbalizações, a traição não era sentida pelo fato de o marido e a filha terem um relacionamento de casal, mas parecia ser configurada pela revelação do segredo e a consequente ruptura da relação sexual incestuosa. A maior queixa da mãe era a denúncia.

Diferentemente do filme, como na maioria das relações incestuosas, o relacionamento sexual do pai com as filhas e a neta não chegou a relações sexuais completas. O que percebemos nas famílias com maior frequência é que as relações sexuais denunciadas são configuradas por toques e carícias perpetrados via sedução, sem a utilização de violência física. Tratam-se de relações pré--edípicas, muitas vezes jogos sexuais "consentidos". Embora as crianças e adolescentes envolvidos não sejam considerados capazes para consentir com esse tipo de relação, percebe-se que muitos adultos também não têm a estrutura emocional para interditá-las.

Em muitas famílias, a relação sexualizada entre os envolvidos, embora inadequada, é a única relação afetiva conhecida pelas crianças envolvidas.

Womb

Do diretor alemão Benedek Fliegauf, o filme *Womb* (traduzido por *Ventre* no Brasil), de 2010, traz no enredo um emaranhado de questões éticas.

A personagem principal, Rebecca, conhece Tommy quando são ainda crianças. Na ocasião, Rebecca havia ido passar uns tempos na casa do avô no litoral e, então, conheceu o vizinho, Tommy; logo a amizade entre os dois transformou-se em uma paixão pré--adolescente. Mas o relacionamento é interrompido quando Rebecca tem que viajar com a mãe para o Japão. Doze anos depois, Rebecca (já formada na universidade) volta para a casa (agora vazia) de seu avô na intenção de reencontrar Tommy.

A continuidade do amor interrompido da infância não dura muito tempo, pois Tommy morre num acidente pouco tempo depois de se reencontrarem. Rebecca, não disposta a dar um fim no relacionamento tão esperado, acaba tomando uma decisão inusitada: ela vai clonar o namorado e dar à luz o seu amor.

No contexto do filme, as clonagens são permitidas e realizadas em clínicas de reprodução assistida. Ela tem a autorização do pai do rapaz, mas não da mãe dele, que percebe a insensatez da ideia.

É interessante que a comunidade entende esses filhos clonados como "filhos de incesto", pois normalmente as mulheres clonavam entes familiares. Embora essas clonagens fossem permitidas, as crianças sofriam o preconceito e a discriminação dos habitantes da região.

A ideia de "filhos do incesto" fica muito clara na relação que Rebecca estabelece com seu filho. A maternidade e o desejo se misturam o tempo todo na relação mãe e filho. A discriminação que permeia a comunidade é uma desculpa para que os dois passem a viver isolados.

Tommy cresce em meio a esta confusão de sentimentos na relação com a mãe, mas, apesar disso, ele parece diferenciar-se e desenvolver o desejo por outras mulheres. Quando começa a se envolver com outra mulher, Rebecca entra em depressão.

Algumas cenas do filme deixam nítido o quanto a relação entre Tommy e sua mãe causam estranhamento e uma certa repulsa na namorada, a "outra" que tenta em vão representar o terceiro no conflito edípico atuado.

O filme termina quando finalmente Tommy descobre a sua origem e, após concretizar uma relação sexual com a mãe, na qual se misturam raiva e excitação, sai de casa, deixando ao espectador a ideia de que vai viver a sua vida após dar à mãe "o que ela queria" com a sua concepção.

Ficou claro para Tommy que ele foi gerado pela e para a sua mãe: ele era apenas um objeto na fantasia alucinada e onipotente de Rebecca.

Assim também percebo algumas relações entre mães e filhos nas famílias incestuosas. Mesmo nas famílias em que há um companheiro da mãe, este é ausente em sua função de pai ou mesmo de marido, não havendo a intermediação de um terceiro na relação simbiótica e alucinada entre mãe e filho(a).

É marcante a projeção da necessidade dessa simbiose das mães nos filhos. Os desejos e necessidades ora colocados nos filhos são, muitas vezes, desmascarados para essas mães durante o processo terapêutico. Ouvi algumas vezes a mesma frase em famílias diferentes: *"Ele/ela não teve problema nenhum em dormir em seu quarto, acho que eu é que sinto falta dele/dela em minha cama"*.

Da mesma forma, também é comum em várias famílias atendidas no CEARAS esta relação erotizada entre mãe e filhos. Mesmo chegando para atendimento familiar por denúncia de abuso sexual por parte de pais, padrastos ou outros parentes, percebe-se, no decorrer dos atendimentos, a relação incestuosa configurada pela superestimulação dos filhos pelas mães.

O prolongamento excessivo do processo de amamentação, chegando a haver relatos de mães que amamentaram crianças de até 10 anos de idade, e a naturalidade com que os membros da família tratam do prazer envolvido na situação demonstram claramente que esta erotização inadequada não é percebida pelo grupo como abusiva.

Considerações finais

O relacionamento sexual incestuoso denunciado, geralmente uma relação de abuso perpetrada por uma figura masculina, é apenas o sintoma de uma família incestuosa que é portadora de uma dinâmica complexa, tendo como principais características a confusão e a perversão de funções.

Nas famílias atendidas no CEARAS, percebe-se que, embora não denunciadas, as mães têm uma participação ativa na origem e manutenção da dinâmica incestuosa.

Impossibilitadas de estabelecer um relacionamento afetivo com os companheiros, as mães, nas famílias incestuosas, também se mostram ineficazes no exercício da função materna. Se, por um lado, podem frustrar os filhos pela falta de afetividade ou agressividade explícita, por outro, pervertem o processo da maternagem saudável na total indiscriminação e simbiose com os filhos, não proporcionando a eles a estruturação necessária para se constituírem como sujeitos autônomos.

A maior violência do incesto concentra-se na ausência das funções familiares estruturantes do indivíduo. Assim, a participação feminina é constituinte dessa violência; mascarada pelo mito do amor materno, a agressividade da atuação das mães incestuosas é sentida pela falta da função materna: a continência.

Referências

Cohen, C. (1993). *O incesto um desejo.* São Paulo, Casa do Psicólogo.

Cohen, C., & Gobbetti, G. J. (1998). Abuso sexual intrafamiliar. *Revista Brasileira de Ciências Criminais,* 6(24), 235-243.

Forward, S., & Buck, C. (1989). *A traição da inocência: o incesto e a sua devastação*. Rio de Janeiro: Rocco.

Freud, S. (1905/1980). Três ensaios sobre a teoria da sexualidade. In S. Freud, *Obras psicológicas completas* (Vol. 7). Rio de Janeiro: Imago.

Freud, S. (1920/1980). Além do princípio do prazer. In: S. Freud, *Obras psicológicas completas* (Vol. 18). Rio de Janeiro: Imago.

Freud, S. (1930/1980). O mal estar na civilização. In S. Freud, *Obras psicológicas completas* (Vol. 21). Rio de Janeiro: Imago.

Gobbetti, G. J. (2000). Incesto e saúde mental: uma compreensão psicanalítica sobre a dinâmica das famílias incestuosas (Dissertação). Faculdade de Medicina da USP, São Paulo.

Gobbetti, G. J, & Cohen, C. (2001). Caracterização do abuso sexual intrafamiliar através de dados elaborados no CEARAS. In D. L. Leviski (Org.), *Adolescência e violência: ações comunitárias na prevenção "conhecendo, articulando, integrando e multiplicando"*. São Paulo: Casa do Psicólogo.

Gobbetti, G. J., & Cohen, C. (2002). Saúde mental e justiça: o atendimento a famílias incestuosas. In L. S. Mallak & M. G. O. M. Vasconcelos (Orgs.), *Compreendendo a violência sexual infanto-juvenil numa perspectiva multidisciplinar* (pp. 91-105). São Paulo: Fundação Orsa Criança e Vida.

Klein, M. (1946/1982). Notas sobre alguns mecanismos esquizóides. In M. Klein, P. Heimann, S. Isaacs & J. Riviere, *Os progressos da psicanálise* (pp. 312-343). Rio de Janeiro: Zahar.

Winnicott, D. W. (1967/1996). O conceito de indivíduo saudável. In D. W. Winnicott, *Tudo começa em casa* (pp. 17-30). São Paulo: Martins Fontes.

5. Sobre mistérios e segredos

Renato Trachtenberg

> *Neste livro destacamos uma diferença entre enigma e mistério. Ao enigma se supõe uma solução (conhecida ou não de antemão). O mistério, ao contrário, não conta com esse atributo que nem sequer é suposto como existente.*
>
> Moreno (2010)

Introdução ao/no feminino

Em suas elaborações sobre o feminino, Freud lançou a seguinte questão, para ele, difícil de ser respondida: "O que quer uma mulher?" A famosa pergunta de Freud, cuja destinatária última seria a princesa Marie Bonaparte, atravessa a história da psicanálise, especialmente a partir de Lacan. O continente negro, a dimensão do oculto, do não revelado, do que não se deixa conhecer, saiu do campo específico das histéricas e se ampliou ao caracterizar a sexualidade feminina. Essa questão, debatida por Pontalis em diversos textos, atinge seu ponto mais elaborado em seu livro *Elas* (Pontalis, 2007/2015), recentemente lançado no Brasil.

A pergunta de Freud é o que define o propósito de meu texto: discutir o tema do enigma e sua vinculação com as noções de mistério e segredo. Nas obras de Pontalis e Meltzer, especialmente, mas também em outros autores, essa questão ocupa um lugar importante, mesmo que nem sempre seja claramente explicitada.

Vale lembrar aqui a importância na obra *Édipo Rei*, de Sófocles, do desvendamento do enigma proposto pela esfinge (figura do feminino?) ao jovem Édipo. Aqui, a resposta foi: o Homem. Não o gênero masculino, e sim o Homem. A tragédia edípica é também a tragédia do desvendamento, daquilo que não se tem resposta. O que é o Homem? Essa pergunta que não quer calar se calou com a resposta de Édipo. Aí começa a tragédia: a resposta não foi só a desgraça da pergunta... A arrogância de Édipo e de outros personagens do mito, destacada por Bion (1957/1994) e resgatada por Schüler (2003-2004, comentário pessoal proferido em um grupo de estudos com o professor Schüler), se encontra exatamente nesse ponto: a pretensão de saber a resposta do não sabível, do mistério. Com isso, estou informando que um inacabamento inevitável percorre as linhas e entrelinhas de meu texto, incluindo o seu final.

Freud e o feminino

Também deve ser considerado que, no caso do feminino, muito já foi dito e escrito a respeito, embora se tenha a impressão de que sempre algo de misterioso e não acessível transite pelas questões da feminilidade. Freud, nas poucas vezes em que abordou o tema (1925/2007, 1931/2007, 1932-1933/2006), coloca o feminino como uma expressão de uma falta (castração) e que o desenvolvimento psíquico da mulher obedece às diferentes vicissitudes dessa mesma falta (pênis). A diferença anatômica entre o menino e a menina seria a base dessa diferença psíquica. Como numa espécie de repetição do mito da origem da mulher descrito no Gênesis, o feminino teria origem no masculino (costela de Adão). O problema, que alguns autores denominam de fanatismo fálico ou edípico, na obra de Freud, é a falha conceitual e, por que não, ideológica, ao fazer coincidir a ideia de ausência ou perda, tendo como princípio e referência o masculino, com a ideia de presença do diferente, arreferencial. É destacada por Roudinesco (2014/2016) e Molina (2016), entre outros, a importância da cultura vienense, na virada do século XIX para o XX, para a constituição da teoria freudiana sobre o feminino. Freud teve que fazer infinitos acordos entre sua escuta da mulher rebelada contra a condição feminina, imperante naqueles tempos, com toda uma ideologia inculcada pela cultura reinante que colocava a mulher numa situação de inferioridade ostensiva em relação aos homens. A evolução social da mulher era limitada e impedida sem que isso produzisse no mundo masculino qualquer tipo de reflexão e questionamento. Freud, assim, oscilava entre a genialidade e o ineditismo de ter dado voz e escutado a queixa das histéricas (cujos protestos inibidos por essa situação de impotência se transformavam em sintomas) e um conservadorismo evidente na sua vida privada. A dificuldade de Freud, expressa na pergunta formulada à princesa, era o sintoma desse conflito. O problema era que sua ideologia privada não ficava isolada em sua casa, e sim, como é obvio, o acompanhava em seu consultório. Aliás, muito próximos um do outro... Martha, como já anunciava Freud antes de seu casamento, estava destinada às tarefas do lar e aos cuidados dos filhos. Um dos problemas contratranferenciais com Dora, em sua luta por denunciar a opressão de seus homens (pai, Sr. K. etc.), foi a identificação de Freud com esse mundo masculino opressor, e, com isso, não pôde escutar adequadamente o grito de uma adolescente em busca de seu ideal de liberdade. O casamento tradicional, o ideal masculino da mulher reprodutora e dedicada às tarefas domésticas, não deixaram de ser as aspirações de Freud em relação às mulheres em geral, incluindo as de sua família e suas pacientes. A afonia, como sintoma histérico muito comum na época, era a expressão do conflito entre o grito feminino, sua revolta, e o impedimento social dominante. Para mais detalhes sobre a situação das mulheres na Viena da virada do século XIX para o XX, sugiro o livro de Molina.

De qualquer modo, Freud é o primeiro a enfrentar esse grito deslocado, recalcado, oprimido. Sua teoria sobre o feminino incorporou uma espécie de acordo possível entre o grito revolucionário de suas histéricas e as forças opressoras da cultura na qual ele próprio cresceu. A cosmovisão falicista é o sintoma teórico correspondente ao sintoma histérico. A pergunta freudiana, em sua origem uma constatação de um limite, de um até aqui pude ir, poderia ser entendida e respondida assim: "queremos tudo o que nos é vedado alcançar". Claro, algum colega poderia dizer: "mas isso é a prova da questão fálica!", a mulher querendo o que o homem quer. Mas *o que quer uma mulher* não seria a liberdade da escolha, aspiração do ser humano, independente de seu gênero? E onde estão as mulheres fálicas que facilmente eram assim designadas pelos psicanalistas? Desapareceram? As mulheres que chamávamos fálicas não seriam as mulheres que, na verdade, se libertaram e fizeram escolhas antes proibidas? Não seria uma denominação que expressava muito mais os preconceitos, as resistências masculinas (ou conflitos com a própria feminilidade do homem?) do que um conflito feminino com a feminilidade? É possível seguirmos com a "facilidade" da *falicidade* nestes tempos de diversidade?

O feminino entre o enigma e o mistério

> *Tal é a força desta obra onde a figura humana e a natureza, como num sonho, parecem revelar sua identidade profunda, sua origem insondável – o mistério da existência que, nos lábios de Mona Lisa, sorri. Sorri para nós? Sorri de nós? Sorri conosco.*
>
> Gullar (2003)

> *A obra de arte é um enigma constituído por um exterior que se oferece e um interior que se retrai, e diante dela somos lançados ao desconcerto. Tal estado é fugaz e sofrido, mas, somente ele permite o surgimento do novo.*
>
> Heidegger (1935/1992)

Entretanto, a pergunta "o que quer uma mulher?" não é a constatação de um fracasso. Não seria a própria resposta? Dessa resposta me ocuparei agora. Para tanto, usarei a diferença entre mistério e segredo, investigada por Meltzer em seus trabalhos sobre o conflito estético, e também por Pontalis, para pensar a respeito dessa pergunta que, se a supomos como uma tentativa de solucionar um enigma ou como a expressão de um mistério, implicará caminhos bem distintos.

A palavra *my-sterion* vem do verbo *myô* (fechar/fechado) e do substantivo *ystéra* (útero) e significa, portanto, útero-fechado (La Puente, 1992). O útero-fechado pode ser significado como um segredo, um enigma a ser desvendado, ou como um mistério, o inacessível por natureza, o que não é objeto de conhecimento, apenas conjeturado, imaginado. O segredo solicita ser conhecido (de que adianta ter um segredo se ninguém souber que você tem um segredo? – é a pergunta bem-humorada e irônica de Meltzer). Mas no útero-fechado, metáfora da privacidade, o segredo solicita a invasão, a violação, enquanto o mistério requer a tolerância à impenetrabilidade.

Meltzer (1986/1990) e Meltzer e Williams (1988/1995) propõem o encontro mítico, primordial, com a mãe, como configurando um conflito estético.[1] Segundo sua conjetura imaginativa, esse encontro seria com a beleza do exterior da mãe e com o mistério de seu interior. Se bem a beleza e o mistério do interior da mãe despertam a tendência do bebê para conhecer, vínculo K,[2] sede de conhecimento (Bion, 1962/1966), também despertam as chamadas emoções negativas: –L (–amor), –H (–ódio), –K (–conhecimento).

Uma experiência emocional é definida, então, como um encontro com a beleza e o mistério do mundo, despertando um conflito entre L, H, K e –L, –H, –K. Por isso, diz Meltzer, o interior do objeto presente passa a ser o estímulo mais forte para o pensamento (mais apaixonado que ansioso). Vemos aí mais um exemplo da influência de Bion sobre as ideias de Meltzer. Enquanto as angústias engendradas pela ausência tendem a despertar violência a serviço da dominação e controle, a paixão, relacionada ao interior oculto do objeto estético, convida a fazer o amor, à exploração do possível.

Entretanto, a beleza do mundo representada pela mãe, seu seio e seu rosto traz, acasalada, a maior dor na área tridimensional: a incerteza. Seu poder para evocar emocionalidade é só igualado por

---

[1] Meltzer e Williams (1988/1995) consideram que a arte, a ciência e a psicanálise testemunham a presença do conflito estético durante a vida. Dizem os autores que o método psicanalítico em si mesmo pode ser vivenciado como um objeto estético.

[2] A noção de vínculo K, como um vínculo emocional, é essencial na obra de Bion (1962/1966). Inclui a ideia de um vínculo entre alguém que busca conhecer e alguém que busca ser conhecido.

sua habilidade para gerar angústia, dúvidas e desconfiança. Até que ponto há correspondência entre o exterior belo e a bondade de seu interior, seus sentimentos, suas intenções e sua durabilidade? Em uma palavra, se trata de um objeto sincero?

Para que o conflito estético possa ser tolerado, deve ocorrer aquilo que Meltzer denominou de *reciprocidade estética* da parte da mãe em relação ao seu bebê. Reciprocidade que implica uma conjetura imaginativa acerca das potencialidades que o bebê poderá desenvolver em seu futuro, sua *bebecidade*.

Meltzer não faz diferença entre enigma e mistério (como tampouco o faz Heidegger na epígrafe acima), se bem que diferencia claramente mistério e segredo. Como já vimos, o enigma surge a partir da concepção de que existe alguém ou algo que possui uma resposta ou também uma atividade de esconder algo a que seu portador tem acesso, ou seja, segredos. A tolerância ao mistério se apoiaria naquilo que Bion, seguindo Keats, denomina capacidade negativa (Bion, 1970/2007).

Com o conflito estético, a imaginação como forma de aproximar-se ao desconhecido, ao mistério essencial do interior do outro, encontra um lugar privilegiado na possibilidade de tolerância ao não conhecido. "A verdade, última ou absoluta ('O'), postulada por Bion (1965/2004, 1970/2007), como não acessível à sensorialidade, não cognoscível, somente intuível ou imaginável, adquire um significado profundamente ético-estético" (Trachtenberg, 2005).

A verdade, num modelo ético-estético da mente, se define como dependente de nossa capacidade de apreço e contato com a beleza do objeto estético em sua condição de mistério e impenetrabilidade.

Como consequência, se acentua a diferença entre intimidade e intrusão, entre curiosidade intrusiva (voyeurismo) e curiosidade epistemofílica ou estética, entre penetração e envolvimento, entre mistério e segredo e entre atenção ativa (memória e desejo) e passiva (receptiva, à espera da chegada da ideia nova). De acordo com Meltzer, essa distinção, mais que separar a ciência da arte, é válida para diferenciar a pornografia da arte, por um lado, e a ciência "prometeica" da inspirada, pelo outro.

Parafraseando a frase de Bion, quando diz que a verdade não necessita de um pensador para pensá-la, enquanto a mentira, sim, o necessita (Bion, 1970/2007), "podemos dizer que o mistério, ao contrário do segredo, não necessita um pensador que o pense, 'ele é'" (Trachtenberg, 2005). Enquanto no segredo há que ver para crer, no mistério se pode crer para ver, sem revelação, através da penumbra, da não transparência, da "cegueira artificial".[3] Meltzer sugere um aparelho protetor do mistério, um dispositivo mental operando numa forma oposta aos refrigeradores domésticos: se abrimos a porta, a luz interna se apaga. Uma forma mais suave de proteção, diz Meltzer, do que sugeriria a cegueira autoinfligida de Édipo. Bion, por sua parte, assinala que a invasão da luz destrói o valor de uma película em uma câmara fotográfica (tempos pré-digitais...).

Como podemos observar, o conflito estético, em sua dimensão de mistério, carrega em seu bojo uma noção de respeito com uma conotação ético-estética que o afasta de suas habituais impregnações pela moralidade (Trachtenberg, 2005). Bion (1974-1975/1990) disse que o mistério se define pela capacidade de sentir

---

3   Carta de Freud a Lou Andreas-Salomé de 25 de maio de 1916. Usando a carta como referência, Bion diz que "não podemos assegurar se Milton se cegou artificialmente ou se inconscientemente comprendeu que não poderia investigar essas 'coisas invisíveis para o homem' enquanto o cegara a brilhante luz dos fatos... é chamativo que haja sido capaz de beneficiar-se com a experiência de ser cego, do mesmo modo que, para investigar passagens escuras, Freud encontrava beneficioso cegar-se artificialmente" (Bion, 1974-1975/1990, p. 104).

respeito pelo desconhecido, a capacidade de não nos atemorizarmos tanto ante o que não conhecemos. Destaca a importância do respeito do psicanalista pela mente humana ainda que nada saiba sobre ela: "é parte do que chamo conservar a capacidade de assombro. Devemos ser capazes de tolerar o mistério e nossa própria ignorância" (Bion, 1974-1975/1990, p. 101).

Nemas (2004) nos traz uma importante contribuição para esse tema: "O Dicionário da Real Academia Espanhola define enigma como um *ditado ou conjunto de palavras de sentido artificialmente encoberto para que seja difícil entendê-lo ou interpretá-lo*. A definição de mistério relaciona o termo com a religião: *na religião cristã, coisa inacessível à razão e que deve ser objeto de fé*" (p. 525). A partir de um vértice científico, seria o que Bion denomina "ato de fé" (Bion, 1970/2007). Nemas, como outros autores (Pontalis, Moreno etc.), pensa que a diferença é importante e que, como vimos, o objeto estético descrito por Meltzer como enigmático se adequa muito mais ao conceito de mistério que de enigma.

O conflito estético impulsa o desenvolvimento ao promover a formação de símbolos e o desejo de apreender o significado emocional das experiências. Isso emerge da necessidade de descobrir e conhecer o interior do objeto presente. A maneira em que esse conhecimento se leva a cabo pode ter duas vertentes opostas: uma consiste em conjeturas imaginativas (a imaginação passa a ter um lugar fundamental na busca do conhecimento); a outra, em certezas construídas por identificação projetiva intrusiva. O modo prevalente de relação com o objeto será um divisor de águas entre os aspectos criativos e destrutivos desse conhecimento. Por isso, Meltzer irá diferenciar conceitualmente a identificação projetiva, realista e comunicacional (Bion) da identificação intrusiva (Klein).

Se o sujeito tenta resolver o enigma do objeto, promove-se curiosidade por descobrir um segredo no qual o sujeito infantil quer estar incluído, já que sente essa inclusão como um direito ditado, em realidade, por seus ciúmes.

O mistério se caracteriza exatamente por não ser um segredo. Implica um reconhecimento da privacidade do objeto e promove a capacidade de tolerar o desconhecido sem apressar interpretações prematuras de sentido e motivações. Implica a capacidade de tolerar a beleza do mundo, da qual a mãe é a representante inicial, apesar dos aspectos desconhecidos, incompreensíveis e até terroríficos envolvidos. O contraponto entre enigma e mistério, diz Nemas, tem efeitos na atividade analítica, pois implica uma escolha: considerar o inconsciente – de nossos pacientes e o nosso – como algo a ser desvendado ou como algo que pode revelar-se por meio de sua expressão.

Lembra Nemas (2004) que Meltzer, em *Estados sexuais da mente*, diz que a sexualidade adulta não aparece na análise, não se transfere, já que a situação transferencial atrai os aspectos infantis e perversos dela (coerentemente com o conceito de transferência). Isso asseguraria a preservação da privacidade e intimidade da vida amorosa adulta do paciente e seu par. Se somos consequentes com a tolerância ao mistério e o respeito pela privacidade, a atmosfera do trabalho analítico tem uma qualidade que deriva da noção de que nem tudo se transfere; existem aspectos do *self* do paciente que não se conhecem porque há algo desse *self* privado que não se entrega na relação.

Essas ideias de Meltzer sobre o conflito estético colocariam o analista e o analisando "em um caminho de crescimento mental marcado pelo contraponto entre a tolerância ao mistério e o interesse apaixonado pelo conhecimento" (Nemas, 2004, p. 529).

A pergunta "o que quer uma mulher?" teria sua origem psíquica, então, na pergunta fundamental: "o que quer/pensa/sente essa mãe?" Essa hipótese, que leva em conta a dúvida ou a desconfiança do bebê em relação àquilo da mãe que não pode ser percebido pelos sentidos, ao contrário da imagem aparente, que pode ser apenas imaginada ou objeto de um "*ato de fé*", não deixou de ser levantada por Pontalis a partir de outras conjeturas. A dúvida em relação ao "que quer uma mulher" não poderia ser suscitada por esse encontro primordial com a mãe, que Meltzer denominou conflito estético e que Pontalis abordou a partir de outra perspectiva? Outra pergunta sem resposta...?

Pontalis (1997/2005, 2002/2007a, 2007/2015), com seu estilo poético, realça em suas últimas obras as diferenças entre enigma e mistério.

Um enigma, seja o que coloca em forma de adivinhação a esfinge de Tebas, ou o que se pinta no sorriso de Mona Lisa, é portador de um sentido oculto. Está pedindo uma solução. "Longe de bloqueá-la, é uma provocação à inteligência. Uma forma particular de inteligência, bem conhecida dos aficionados pelas palavras cruzadas". Cruzadas mas, ao fim e ao cabo, palavras... "Encontrar a resposta pode levar o seu tempo, ou se pode responder confusamente, mas há uma resposta" (Pontalis, 1997/2005, p. 79).

O mistério, diz nosso autor, que podemos evitar restringir à sua acepção estritamente religiosa, é de uma índole totalmente diferente. "Vela e revela ao mesmo tempo o que a filosofia designa como Ser. Seu eventual desvelamento (alétheia) não ocorre, como no enigma, pela interpretação" (p. 79). Nesse sentido, o sonho seria mistério (umbigo/inacabamento) e, ao mesmo tempo, enigma (interpretação). Como vemos, Pontalis retoma aqui as ideias sobre o sonho descritas em seu livro *Entre o sonho e a dor* (1977), no qual discrimina o sonho em si (experiência/espaço do sonho) do sonho narrado, interpretável. Para ele, existiria uma perda, um luto, na passagem de um a outro.

Em um quadro, por exemplo, o que emana dele, o efeito que produz em nós sua *contemplação* – e não estamos falando de um olhar escrutinador – fica fora de toda capacidade de captura. Como no sonho, ou na tragédia de Édipo Rei, a resolução do enigma não dissipa o mistério. O saber, na cultura grega, tão intimamente ligado ao olhar daquele que vê, por outro lado não deixa de nos mostrar constantemente a cegueira como metáfora da sabedoria (tolerância ao não saber). "Cegueira artificial", como vimos, escreveu Bion a partir da carta de Freud a Lou Andreas-Salomé.

Os mesmos limites, o mesmo relativo fracasso com a poesia que, entretanto, o único que faz é congregar palavras. Pontalis (1997/2005) comenta que

> *Paul Bénichou, como se estivesse aceitando um desafio, se atreveu com Mallarmé, autor – recordemos – do Mistério nas Letras, e considerado como o poeta hermético por excelência. Tarefa valente, que consiste em não ficar calado frente àquele que optou deliberadamente pela escuridão e a alusão, e em submeter a "Mallarmé inimigo evidente como o era de toda explicação" (a frase é de Valéry), ao exercício, precisamente, da "explicação do texto", realizado aqui com o maior rigor possível sobre uns trinta sonetos. Bénichou, ainda quando tome partido por considerar os sonetos como enigmas por decifrar e ainda que efetivamente os decifre (os traduza), nos deixa igualmente sem arma alguma ante isso que Mallarmé chamava os "supremos mistérios" das palavras, os únicos que conferem à poesia sua potência de encanto ou de magia. (p. 80)*

Voltando ao sonho, Pontalis nos diz que do trabalho do sonho conhecemos as modalidades, mas a seu umbigo não temos acesso. Podemos descrever o funcionamento do processo primário, mas, do inconsciente em si não sabemos nada. "A necessidade de postular sua existência somente se equipara com a impossibilidade de conhecê-lo" (p. 81).

O quadro, o sonho, então a imagem. Esta última, diz Pontalis, não tem como finalidade reproduzir o visível, e sim ir mais além. Sucede com a fotografia, e ainda mais com a pintura, que nunca é pura semelhança. "O retrato não é um espelho, revela o que eu me oculto" (Pontalis, 2002/2007a, p. 48).

É o termo imagem que em seu emprego extensivo favoreceria a confusão, como se pudesse assimilar-se o que aparece numa tela de televisão e as aparições que vêm visitar-nos em nossos sonhos, "como se fosse possível por no mesmo saco um engano e um ícone!" (p. 48). Pontalis não deixa de notar que a palavra figura também carrega uma ambiguidade. É uma palavra que pertence tanto à retórica, ao discurso (figuras de estilo, do discurso), como às artes (desenho, pintura, dança). Palavra latina, figura deriva do termo grego *tropos*: rodeio, desvio. Figurar seria estar desviando o olhar daquilo que a percepção imediata crê captar, é já estar recorrendo a signos.

Pontalis fala de sua fascinação, de menino, pelo filme *O homem invisível* e de sua atração, desde então, pela mulher invisível, "o invisível da mulher (da mãe?)" (p. 49).

Segundo Pontalis, Freud acreditava que só enfrentava enigmas e consagrou sua vida a resolvê-los. A única coisa que sentiu pelo mistério foi desconfiança. E, entretanto, quando teve que reconhecer os limites da interpretação, e inclusive de seu método, não se aproximou a um lugar mais além do enigma? Exemplo: ainda que legitimamente orgulhoso de haver revelado o segredo do sonho, só lhe restou deter-se ante o que chama (misteriosamente) de umbigo do sonho que se abre sobre o desconhecido.

Não há solução para um mistério. A pintura, para Pontalis, escapa de qualquer sentido. Apresenta o mistério do ser, sem conteúdos latentes por revelar: não representa nada fora de si mesma, aliando transparência e mistério.

Referindo-se a algum *outro* (seria um artista, um paciente, ele mesmo...?), diz que, quando pela primeira vez viu uma menina desnuda na praia, se apressou a comentar sua surpresa ao pai: não tem... Mas não se pôs a esboçar uma teoria sexual como o pequeno Hans. Teoria freudiana: ausência do pênis = castrada. O que não disse a seu pai é que muitas vezes surpreendeu sua mãe desnuda. Não pensou que lhe faltava algo, se perguntou o que podia estar escondendo essa mata de pelos negros. Um invisível que lhe interessava intensamente. O que o preocupava não era que as mulheres lhe resultassem incompreensíveis. Há muito que havia renunciado a compreendê-las. Mas que seguissem sendo invisíveis para ele, era isso o que irresistivelmente o atraia. E agregava: "Este nosso troço a que damos tanta importância é muito pouca coisa; talvez porque é demasiado visível" (Pontalis, 2002/2007a, p. 50).

Talvez se pensarmos na percepção da falta do pênis na mulher como a presença de um mistério ("o essencial é invisível aos olhos"), a pergunta "o que quer uma mulher?" possa ser reformulada em termos do conflito estético como "o que quer uma mãe?". Pergunta sem resposta de homens e mulheres, inicialmente em épocas pretéritas, quando a dúvida era intrínseca ao conflito fundante entre o que podia ser visto (conhecido) e aquilo que só poderia ser imaginado (não objeto do conhecimento).

A propósito, Pontalis cita a fala de um dos personagens do romance *Leviatã*, de Julien Green: "A meta de sua paixão [a curiosidade] não era transformar o desconhecido em conhecido, senão buscar o desconhecido por si mesmo e viver em sua vizinhança" (p. 52).

A origem do mundo

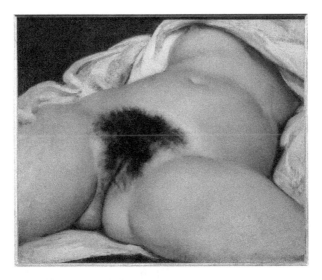

A origem do mundo. **Gustave Courbet. Museu de Orsay, 1866.**

Brand Barajas (2012) revisita uma famosa pintura de Gustave Courbet (1819-1877), pintor realista francês: "Se deixo de escandalizar, deixo de existir" disse o artista diante do impacto produzido por sua obra *A origem do mundo*, realizada para o diplomata turco Khalil-Bey em 1866. Foi Courbet quem chegou mais perto do segredo da mulher, diz Pontalis, "desvelando, exibindo, em primeiro plano aquilo que, antes dele, jamais fora mostrado" (Pontalis, 2007/2015, p. 17).

Mas Courbet só pode mostrar o que é visível: "os seios, as coxas afastadas, os pelos negros, a fenda do sexo. Como tornar visível o invisível?" (Pontalis, 2007/2015, p. 17). Esse invisível, para Pontalis (1997/2015),

> *não é o interior, que não é o útero, esse quarto escuro de onde viemos. Seria esse prazer, do qual conhecemos apenas os sinais exteriores, na esperança de que não sejam falsos, mas que não somos sequer capazes de observar nem de pintar? Curiosamente só os místicos e santos foram representados em êxtase pelos pintores. (p. 17)*

Mas, como vimos anteriormente, usando o conceito de mistério como o útero-fechado, espaço simbólico onde os próprios símbolos são gerados, ali também se representa estéticamente o lugar do prazer, o *Big Bang*, a criação do mundo. Espaço mental, buraco /continente negro, o quarto dos pais, metaforizado poéticamente por John Keats na expressão *câmara nupcial* (Meltzer e Williams, 1988/1995).

Como refere Brand Barajas (2012), *A origem do mundo* é considerada uma das imagens mais inquietantes da história da pintura. Seu título não foi dado pelo autor, e sim por uma tradição anônima que foi sendo transmitida até os nossos dias. A vulva seria ali uma representação do nascimento, da origem, um lugar a que todos os seres humanos se sentem remitidos, numa mistura de fascinação e terror, em sua conotação de entrada a um espaço oculto, que pode resguardar a vida e os maiores prazeres, "assim como as forças para extraviar aos mais equânimes".

Quando o diplomata turco morreu, a pintura percorreu várias coleções privadas, sendo vários os testemunhos sobre o pudor dos donos que os levaram a mantê-la oculta do olhar de outros, como se tratasse do corpo da esposa, da mãe ou da filha. Talvez, diz Brand Barajas, a inquietação não fosse só com o corpo, que poderia ser o de qualquer mulher, senão com sua posição de imenso prazer, que rompe o mito que associa a intensidade do orgasmo da mulher à intensidade do amor que tem por seu amante.

A origem do mundo nos mostra uma mulher solitária, arrojada a um prazer que transcende ao coprotagonista do caloroso encontro; não é uma cena romântica, é uma representação do mais puro erotismo, afirma Barajas.

Das mãos (ou do olhar?) do dono original a tela passou ao domínio do antiquário Antoine de la Narde. Duas décadas depois, o quadro se encontrava numa casa de antiguidades coberto por outro quadro de Courbet, *A casa de Blonay*. Posteriormente, o barão Ferenc Hatvany, pintor e colecionador húngaro, adquiriu ambos os quadros e levou-os à Hungria, conservando sempre oculto *A origem do mundo*. Durante a Segunda Guerra Mundial, os alemães confiscaram a sua coleção, mais tarde recuperada pelos soviéticos ao terminar a guerra, que a devolveram ao barão.

Hatvany emigrou para Paris e, em 1955, vendeu a pintura para Lacan pelo valor de 1,5 milhão de francos. Resulta interessante mencionar que Lacan a comprou por recomendação de Georges Bataille, já que, nessa época, o psicanalista estava casado e tinha uma filha com Sylvia Bataille, que havia sido esposa do escritor e do qual se separou definitivamente para viver com Lacan. Por sua vez, Lacan deixou sua esposa Marie-Louise Blondin, no momento em que ela estava no oitavo mês de gravidez de seu terceiro filho, para viver com Sylvia, que estava grávida de Judith (a qual viria a se casar com J.-Alain Miller). Entretanto, a relação de Georges e Jacques prosseguiu amistosamente, pois, em 1943, quando Bataille se separa de Denise Rollin, lhe oferece o apartamento no número 3 da rue de Lille para que se mude com Sylvia, Laurence (filha de Bataille) e Judith.

Lacan decide exibir em sua casa *A origem do mundo*, mas Sylvia lhe solicita que o quadro seja retirado da vista pública, argumentando que os vizinhos ou a empregada não compreenderiam. Lacan pede a André Masson (1896-1987), cunhado de sua segunda esposa, pintor surrealista, a elaboração de um painel onde se reproduziam, em uma imagem abstrata, os elementos eróticos da tela original. Um sistema de marco com fundo duplo e corrediço permitia cobrir e descobrir a tela. Dessa maneira, Lacan foi consequente com sua concepção do sexo da mulher como um lugar de horror, um buraco (negro?) totalmente aberto, com uma essência incognoscível. O psicanalista não conseguiu romper com a repressão que perseguia a pintura de Courbet; entretanto, conservou-a em sua casa de campo La Prévôté, situada em Guitrancourt.

Ao morrer, em 1981, o Estado francês embargou alguns bens de Lacan para cobrir dívidas importantes relacionadas a impostos. É dessa maneira que *A origem do mundo* chegou às paredes do Museu de Orsay, que se encontra na mesma rua onde viveu e atendeu Lacan por quatro décadas. "Coincidência ou sarcasmo do destino?", se pergunta Brand Barajas. Na atualidade, *A origem do mundo* se mostra sem pudor à vista do público, o que nos remete ao mesmo Bataille, que considerava como uma das condições do erotismo a proibição e, portanto, a transgressão. Será então que, ao legitimar a exibição da pintura, o Estado francês levanta a proibição e, portanto, apaga da imagem toda sua força erótica? Ou, questiona-se Barajas, talvez seu impacto não esteja preso na imagem, e sim na localização subjetiva do observador? Os observadores não se inquietariam pela imagem, e sim pelas fantasias que os invadem ao olhá-la, pela invasão dos fantasmas de seu próprio erotismo, de suas proprias transgressões. O fato de estar num museu, diz Barajas, facilita o acesso intelectualizado à obra, o discurso suplanta os recursos físicos que serviram para ocultá-la no passado, preenche de palavras o inominável.

E os pintores, do que eles querem apossar-se, o que querem surpreender, ao pintar mulheres deitadas, sonhadoras, adormecidas, na ausência do homem? E todos nós, que nunca saberemos de que tratam o sono e os sonhos da mulher amada? (Pontalis, 2007/2015, p. 18).

A pergunta que não quer calar

A primeira vez que foi tomado pelo mistério do umbigo foi quando viu sua mãe pela última vez.

Kundera (2014)

Numa entrevista a Jacques Drillon, por ocasião do lançamento do livro *Elas* na França, Pontalis (2007b) refere que não pode assumir o ponto de vista de uma mulher. Mas, diz o autor, é justamente esse um dos temas do livro: o homem não tem acesso ao gozo da mulher. Ao mistério dos mistérios. Só podemos imaginar o que ela sente, afirma.

O que deseja a mulher, pergunta Freud ... Mas o que pede o homem? Para mim, a diferença vem da mãe. Um garotinho tem dificuldade de ligar a mãe e a mulher. Tentamos explicar as coisas, falamos dos corpos, do desejo, dos ciúmes com relação ao pai, mas é uma maneira de organizar nosso desconhecimento. A pergunta que não quer calar é: com o que sonham nossas mães? Como ter acesso a seu pensamento, a seu desejo? Para onde eles a conduzem? Eis o inapreensível: a parte feminina da mãe. (Pontalis, 2007b)

O útero-fechado? Mistério...

Pontalis agrega que não é bom ter sido amado demais, ter certeza demais disso. Freud dizia que tinha tanta certeza de ser amado por sua mãe que isso o tornou conquistador por toda a vida. Ao mesmo tempo, isso pode ser paralisante: "Se satisfizermos plenamente a nossa mãe, ficaremos paralisados com os outros. O que o amor tem de bom é que ele nunca nos satisfaz totalmente... O amor, a sexualidade, sempre tem algo de inacabado" (2007b).

Assim, a pergunta que não quer calar não se calou, apenas cresceu e se expandiu. Muitas vezes, a vigência da pergunta não seria a melhor resposta? Respostas que não respondem, apenas inquietam, desafiam, instigam, aludem. Inacabadamente, como os umbigos de nossos sonhos.

E durma-se com um silêncio desses...

Referências

Barajas, J. P. B. (2012, 15 de outubro). Lacan y "El origen del mundo". *La Otra* (revista de arte). Recuperado de http://www.laotrarevista.com.

Bion, W. R. (1957/1994). Sobre arrogância. In: *Estudos psicanalíticos revisados* (3a ed.). Rio de Janeiro: Imago.

Bion, W. R. (1962/1966). *O aprender com a experiência.* Rio de Janeiro: Imago.

Bion, W. R. (1965/2004). *Transformações* (2a ed.). Rio de Janeiro: Imago.

Bion, W. R. (1970/2007). *Atenção e interpretação* (2a ed.). Rio de Janeiro: Imago.

Bion, W. R. (1974-1975/1990). *Brazilian lectures*. London: Karnac Books.

Freud, S. (1925/2007). Algunas consecuencias psíquicas de la diferencia anatómica entre los sexos. In *Obras completas* (2a ed., Vol. XIX). Buenos Aires: Amorrortu Editores.

Freud, S. (1931/2007). Sobre la sexualidad femenina. In *Obras completas* (2a ed., Vol. XXI). Buenos Aires: Amorrortu Editores.

Freud, S. (1932-1933/2006). La feminidad (Nuevas conferencias de introducción al psicoanálisis). In *Obras completas* (2a ed., Vol. XXII). Buenos Aires: Amorrortu Editores.

Gullar, F. (2003). *Relâmpagos*. São Paulo: Cosac & Naify.

Heidegger, M. (1935/1992). *A origem da obra de arte*. Lisboa: Edições 70.

Kundera, M. (2014). *A festa da insignificância*. São Paulo: Companhia das Letras.

La Puente, M. (1992). Sobre a palavra-conceito "conhecimento" para uso clínico. In *PSI – Revista da ABP*, *26*(3), 341-344.

Meltzer, D. (1986/1990). *Metapsicologia ampliada*. Buenos Aires: Spatia Editorial.

Meltzer, D., & Williams, M. H (1988/1995). *A apreensão do belo*. Rio de Janeiro: Imago.

Molina, J. A. (2016). *O que Freud dizia sobre as mulheres* (2a ed.). São Paulo: Editora Unesp.

Moreno, J. (2010). *Tiempo y trauma: continuidades rotas*. Buenos Aires: Lugar Editorial.

Nemas, C. (2004). O conflito estético na área dos valores: contraponto entre enigma e mistério. *Revista de Psicanálise da SPPA*, *XI*(3), 519-531.

Pontalis, J.-B. (1997/2005). *Este tiempo que no pasa*. Buenos Aires: Topía Editorial.

Pontalis, J.-B. (2002/2007a). *Al margen de los días*. Buenos Aires: Topía Editorial.

Pontalis, J.-B. (2007b, 2 de setembro). *Entrevista de Pontalis a Jacques Drillon. Folha de S. Paulo*, p. 10 (caderno "Mais").

Pontalis, J.-B. (2007c/2015). *Elas*. São Paulo: Primavera Editorial.

Roudinesco, E. (2014/2016). *Sigmund Freud na sua época e em nosso tempo*. Rio de Janeiro: Jorge Zahar.

Trachtenberg, R. (2005). De la pasión por el psicoanálisis – por el psicoanálisis de la pasión. In *44º Congresso da IPA* (Painel "Um modelo ético/estético baseado em Bion e Meltzer"). Rio de Janeiro, 31 de julho de 2005.

6. O que querem os homens?[1]

Maria Luiza Lana Mattos Salomão

Introdução

Quando me deparei com a famosa pergunta de Freud – *o que querem as mulheres?* –, senti um incômodo. Como mulher, e como aspirante a psicanalista.

Seria a pergunta – o que querem as mulheres? – uma pergunta retórica? Do tipo que provoca e instiga psicanalistas mulheres a investigarem-se e a investigar a alma feminina e os caminhos do seu desenvolvimento? Afinal, Freud era rodeado de mulheres, amigas e discípulas, como Salomé e Marie Bonaparte, referindo-se a elas com grande admiração.

Ao analisar pacientes homens, cada vez em maior número na clínica, percebo a complexidade da alma masculina e me incomoda

---

1 Trabalho apresentado em reunião científica na Sociedade Brasileira de Psicanálise de São Paulo (SBPSP), em São Paulo, no dia 28 de outubro de 2017 (coordenadora: Patricia Nunes; comentadora: Miriam Malzyner). Apresentado também na Uni-Facef, em Franca, no dia 13 de maio de 2017, no evento "O masculino e o feminino na contemporaneidade".

a análise de diferenciação de sexos, ao invés de uma diferenciação de gêneros.

Sexo remete à anatomia, ao biológico. Nasce-se homem ou mulher, com características masculinas e femininas; a hereditariedade define os órgãos sexuais.

Desde os *Três ensaios sobre a sexualidade*, de 1905, Freud, ao falar sobre sexualidade, não se refere ao biológico, mas à psicossexualidade – corpo investido eroticamente. A psicanálise se interessa pelo corpo erotizado, pelos sentimentos encarnados, pelo que configura o significado de ser mulher, e de ser homem, com a complexa implicação do que seja uma ou outro. Falar de gênero vai além ou aquém da anatomia. Tornar-se homem ou mulher remete a um tipo de funcionamento mental intrapsíquico. E também social: somos frutos de um casal. Bissexuais, nossa identidade se configura em uma complexa trama de identificações.

As mães (ou substitutos, na função materna) transmitem a cultura, pela forma de cuidar, pelo tom de voz, pelas palavras que usam ao cuidar dos seus bebês. Lembro-me de um documentário maravilhoso, sem palavras, *Babies*, de 2010, que exibe a maneira como bebês (até os 2 anos) são criados em diferentes culturas. O cineasta Thomas Balmes viajou o mundo e registrou o início da vida de quatro bebês de diferentes países. Ponijao, caçula de nove filhos, vive em uma vila na Namíbia. Bayarjargal vive na Mongólia. Hattie é a primeira filha de um casal de São Francisco, e Mari é a primeira filha de um casal de Tóquio. Um é alimentado ao seio por várias mães (Namíbia); o bebê mongol engatinha entre cascos de camelos; o bebê americano é criado em apartamento; o bebê japonês é criado em completa assepsia. O documentário faz ressoar em cada espectador, de modo impactante e nada discursivo, a força de transmissão da cultura: como ela se "naturaliza" e se encarna em cada bebê.

O seio materno é fonte nutritiva da alma, constituindo a identidade primária do ser, nos seus primórdios de existência. O temor pela perda de seu amor exerce um profundo efeito sobre o desenvolvimento de homens e mulheres.

Melanie Klein foi a corajosa sucessora de Freud, a partir das décadas de 1920 e 1930, com Freud ainda vivo, em uma instigante linha de investigação psicanalítica, partindo da observação direta de crianças.

Outras gerações de psicanalistas trazem contribuições. Winnicott enfatiza a dependência absoluta de um bebê ao vir ao mundo. Como pediatra que nunca deixou de ser, desenvolve profunda observação da relação mãe/bebê e da fundamental exigência de *holding*: a sustentação do bebê nos primórdios de sua existência e até antes do nascimento, pela adaptação da mãe (ou um substituto para a função materna) às necessidades básicas do bebê.

> *Em outras palavras, a mãe o e pai não produzem um bebê como um artista produz um quadro ou o ceramista um pote. Eles iniciam um processo de desenvolvimento que resulta em existir um habitante no corpo da mãe, mais tarde em seus braços, e após no lar proporcionado pelos pais; este habitante se tornará algo que está fora do controle de qualquer um. Os pais dependem das tendências hereditárias da criança. Poderia se perguntar: "que podem eles então fazer se não podem fazer sua própria criança?" Eles podem naturalmente fazer muito. Devo dizer que podem prover para a criança, que é sadia no sentido de ser madura, de acordo com o que significa maturidade em um determinado momento para uma criança. Se eles con-*

seguem proporcionar esta provisão, então o processo de maturação da criança não fica bloqueado, mas é atingido e é capacitado a se tornar parte da criança. (Winnicott, 1963/1990a, p. 81)

Com a ajuda de alguns filmes, quis ensaiar um sobrevoo nesta questão de gênero, sabendo da complexa interação entre identificações diretas e cruzadas para que um bebê se torne uma pessoa. Associo filmes e situações clínicas vividas com os pacientes, tendo os estudos teóricos psicanalíticos como pontos iluminadores da minha reflexão.

Papéis masculinos (e/ou femininos) estereotipados

A função materna, como a função paterna, pode ser desempenhada por ambos os sexos. Depende de como se estruturam as identidades, do funcionamento psíquico de cada um dos parceiros, homem ou mulher e, principalmente, do tipo de interação psíquica na relação que estabelecem entre si. Temos visto uma reivindicação cada vez mais numerosa de casais homossexuais que desejam adotar filhos. Dois homens, ou duas mulheres, que querem constituir uma família.

Apesar de muitas mudanças culturais, desde a chamada revolução sexual, na década de 1960, observamos a permanência de conflitos relacionados com a psicossexualidade atravessando gerações. Há, atualmente, diferentes classificações de gêneros, mas, na base, vemos uma complexa formação de caráter, a intrincada trama entre neurose, perversão e psicose, no curso do desenvolvimento psíquico de homens e mulheres.

O que tento pensar aqui, em espaço restrito, é a questão do funcionamento psíquico de homens (e a reflexão serve para as mulheres) sobre as mentes que desenvolvem e mentes que não conseguem se desenvolver, e cujo desenvolvimento se dá aos pares, em duplas.

O filme americano *Uma babá quase perfeita* (*Mrs. Doubtfire*, 1993), do diretor Chris Columbus, mostra um casal divorciado em que o pai, inconformado por não conviver com os filhos, disfarça-se de uma velha senhora e se emprega como babá da ex-mulher. A comédia caricaturiza a diferenciação de gêneros. A mãe, no filme, tem perfil de executiva, função que exige foco, racionalidade, organização, características em geral atribuídas ao sexo masculino. E o protagonista tem um perfil emotivo, de acolhimento, de empatia com os filhos, características em geral atribuídas ao sexo feminino.

Quando anunciei o título do meu trabalho, recebi comentários jocosos (de mulheres) que diziam, rindo maliciosamente, que os homens querem... sexo. O sexo físico, genital. Lembro-me também de comentários de pacientes homossexuais masculinos a reclamar de parceiros promíscuos, que só queriam sexo.

Brincadeiras ou ressentimentos à parte, relacionados à cultura patriarcal brasileira, o que se observa é que homens e mulheres iniciam suas vidas em um estado de dependência absoluta. Diz Winnicott (1957/1996):

> *Se nossa sociedade retardar o reconhecimento pleno dessa dependência, que é um fato histórico no estágio inicial do desenvolvimento de cada indivíduo, haverá um bloqueio tanto no progresso quanto na regressão, um bloqueio que se baseia no medo. Se o papel da mãe não for verdadeiramente reconhecido, então permanecerá um medo vago da dependência. Às ve-*

> *zes, esse medo toma forma de um medo de MULHER, ou medo de uma mulher, e outras vezes vai assumir formas menos fáceis de reconhecer, mas que sempre incluem o medo da dominação. (pp. 98-99)*

O pai é introduzido pela mãe aos filhos com o colorido emocional de que a mãe figura o pai dentro dela, assim como é a mãe (ou o substituto da função materna, que pode ser um homem) que introduz o "mundo em pequenas doses", na poética linguagem winnicottiana.

A ameaça de perda de algo tão vital, como a função materna, na constituição de um eu primitivo gera ansiedades primitivas nos recém-nascidos e definem diferentes trajetórias da psicossexualidade, em homens e mulheres. Estou me referindo a aspectos primitivos.

Começo pelas bordas, lembrando-me de um filme antigo, do tipo "sessão da tarde", que se refere a uma psicanálise clássica, com um enfoque edípico.

Lembro-me do impacto de *A primeira noite de um homem* (*The Graduate*, 1967), estrelada por Dustin Hoffman, com direção de Mike Nichols. A trama gira em torno de Benjamin, seduzido pela mulher casada com o sócio do seu pai. Benjamin tenta resistir aos poderes de sedução de Mrs. Robinson (figura materna), mas acaba tendo relações sexuais com ela.

Benjamin era um "bom moço", reprimido, virgem em questões sexuais. A trama é de uma tragédia edípica. Benjamin escolhe renunciar ao "mau caminho" – matar o "pai" para ficar com a "mãe" – e se apaixona pela filha da sedutora, que se vinga contando ao marido de sua traição.

O fim é idílico, mas o enredo proporciona cenas antológicas em relação à iniciação sexual do homem. A graça está no conflito vivido por Benjamin entre a performance sexual com Mrs. Robinson e a descoberta do amor terno e afetivo com sua filha. Período cultural turbulento de redefinição o ano em que o filme é lançado, 1967 – liberdade sexual; descoberta da pílula anticoncepcional; o sexo não mais ligado exclusivamente à procriação etc.

O casal parental pode se apresentar coeso e estável ou, inversamente, fragmentado e instável, gerando dificuldades sérias na elaboração da identidade psicossexual, para homens e mulheres. Para o menino, segundo Freud, há o temor da perda do pênis, a ameaça de castração. Na mulher, a "inveja do pênis", uma teoria monista, fálica, que gira em torno de ter ou não ter pênis, a diferença anatômica gerando ou podendo gerar complexas configurações psíquicas, em homens e mulheres. Teoria mais detalhada – por Freud – para o sexo masculino.

Diz Freud (1931/2010), no texto "Sobre a sexualidade feminina":

> *Karen Horney acha que a inveja primária do pênis é muito superestimada por nós, enquanto atribui a intensidade do empenho por masculinidade, depois exibido a uma inveja do pênis secundária, utilizada pela garota para defender-se dos impulsos femininos, em especial da ligação feminina ao pai. Isso não corresponde a nossas impressões. Por mais seguro que seja o fato dos reforços posteriores por regressão e formação reativa, por mais difícil que talvez seja estimar a força relativa dos componentes libidinais que ali confluem, acho que não devemos ignorar que os primeiros impulsos libidinais possuem uma intensidade superior à de todos que vêm depois, que bem pode ser quali-*

> *ficada de incomensurável. Sem dúvida, é correto que existe oposição entre a ligação do pai e o complexo da masculinidade – trata-se da oposição geral entre atividade e passividade, masculinidade e feminilidade –, mas isso não nos dá direito a supor que é primário e o outro deve sua força apenas à defesa. E se a defesa contra a feminilidade se mostra tão enérgica, de onde ela pode retirar sua força se não do empenho por masculinidade, que teve sua primeira expressão na inveja do pênis por parte da menina, e, por isso, merece receber tal denominação? (pp. 396-397)*

Mezan (1985/1990), em *Freud, pensador da cultura*, nos brinda com uma reflexão sobre a dificuldade de Freud em focar o feminino nos seus textos clínicos. Nos textos culturais, Freud equaciona a natureza com "o feminino", em seu poder destruidor. A cultura é equacionada ao masculino, com o desenvolvimento de meios para controlar e domar a natureza. O feminino apareceria, no imaginário freudiano, na figura tríplice – Mãe, Companheira, e Morte.

Mezan afirma:

> *A cultura aparece agora como um conjunto de meios para proteger o homem (e a mulher, evidentemente) das ameaças obscuras contidas no feminino, o qual se encarna não apenas no inconsciente das mulheres, mas igualmente no dos indivíduos do sexo masculino. (p. 535)*

Mezan analisa uma afirmação de Freud, na sua obra *O mal-estar na civilização*, de 1930. Diz Freud (1930/1997):

> As mulheres representam os interesses da família e da vida sexual. O trabalho de civilização tornou-se cada vez mais um assunto masculino, confrontando os homens com tarefas cada vez mais difíceis e compelindo-os a executarem sublimações instintivas de que as mulheres são pouco capazes. . . . Sua constante associação com outros homens e dependência de seus relacionamentos com eles o alienam inclusive de seus deveres como marido e de pai. Dessa maneira, a mulher se descobre relegada ao segundo plano pelas exigências da civilização, e adota uma atitude hostil para com ela. (p. 59)

Mezan (1985/1990) rebate uma possível interpretação de misoginia por parte de Freud:

> O feminino aparece assim (para Freud) como aquilo contra o que a civilização protege e se protege, num nível ainda mais radical que o da agressividade; mas se refletirmos que a morte está inscrita neste feminino, e que a origem da agressividade pode ser retraçada até a pulsão de morte, as duas significações da civilização se nos mostrarão intimamente relacionadas. (p. 536)

Mezan afirma que Freud explode com a tese de que o masculino seria equacionado à agressividade e o feminino à ternura. Também afirma que Freud não podia aceitar a violência contra uma "mãe aterrorizadora", ou a violência contra a mãe, por parte do filho varão, em suas teorias psicanalíticas sobre o desenvolvimento do menino. Ressonâncias de sua própria vida pessoal, um burguês nascido no século XIX, em uma sociedade patriarcal? Freud é fruto de seu tempo, afinal.

Em Freud, talvez não por acaso, observa-se a ausência da análise em profundidade da figura feminina, sobretudo da mãe.

Comentando *Totem e tabu*, Mezan desenvolve um raciocínio em que o assassinato do pai se torna um processo de "vitimização" deste, fenômeno que Freud associa à fundação da civilização. Mas, diz Mezan, o fenômeno parece ter – também – a função de apagar a violência exercida contra a mãe, contra a sensualidade e contra o feminino. Freud associaria, segundo seu ponto de vista, o feminino e sua potência à ideia de natureza, considerada em seu poder arcaico destruidor. A natureza, como vista no século XIX, que precisa ser domada, demonizada, a natureza que aterroriza o homem, remete ao reino da psicose, à indistinção, ao abismo sem fundo e sem forma.

Nos textos culturais de Freud é explícito o temor ao feminino, ao relacioná-lo à absorção e à indiferenciação, ao poder de envolvência, ao fato de que a maternidade é reconhecida pela sensorialidade. A paternidade, ao contrário, é reconhecida pelo pensamento abstrato, pela dedução e pela linguagem. Ou seja, o feminino aponta para a confusão eu-outro.

Há, no entanto, um poder imaginativo na teoria freudiana, em termos culturais e históricos, e na prática clínica clássica – ao papel central dado por Freud ao *complexo paterno*, ao pênis-falo a definir os gêneros. A menina, na sua teoria, é "castrada". Os dois sexos desconheceriam a existência da vagina; nos primórdios seria ela um "buraco negro"?

Klein se incumbiria de desenvolver a investigação psicanalítica em outra mais fértil direção, felizmente, e mais adiante volto a ela.

Nesta perspectiva cultural patriarcal, temos a caricatura sexista, própria do monismo sexual: o garanhão, que "come" todas as mulheres e ama seu "pênis", de forma narcísica, assegurando controle e domínio das mulheres.

No filme *Do que as mulheres gostam* (*What Women Want*, 2000), dirigido por Nancy Meyers, o protagonista, o publicitário Nick (Mel Gibson), após sobreviver a um grave acidente, misteriosamente passa a ter o *dom de ler os pensamentos das mulheres*. Inicialmente, usa esse novo poder para seduzir a sua chefe, Darcy Maguire (Helen Hunt), mas, aos poucos, ao "ler" a intimidade das mulheres, começa a mudar seu estilo de vida. Este filme é instigante. Nick usa as mulheres sem se preocupar com seus sentimentos, tendo a fantasia de ser "o queridão" de todas. Ao "ler" os pensamentos das mulheres a seu respeito fica chocado, se espanta, e se enternece. A princípio, usa o "dom" para continuar no controle (fálico, narcísico). Depois, passa a admirar as mulheres, o seu caráter, e isso o faz querer ser diferente.

É evidente o gosto de Nick por sexo promíscuo. O nome é associado a Nicolau – em grego, *nike* é vitória, e *lao*, povo: vitória do povo, associando-se a São Nicolau, o Papai Noel. Nele, a *ignorância da intimidade* da mulher. Ignorância também a respeito dos seus sentimentos. Filho de uma prostituta, Nick cresceu cercado de mulheres, que o mimaram e o bajularam, o reizinho do bordel, o "Papai Noel" ao qual as mulheres deveriam ser agradecidas.

Há no homem e na mulher o temor pelo feminino? Acredito que sim: medo da mãe arcaica, poderosa, que guarda o pai (falo) dentro de si. A mãe fálica que, diz Winnicott (1951/1988a), é uma *ilusão*[2] universal e não patológica, quando reflete sobre a diferença

---

2 "a mãe, no começo, através de uma adaptação quase completa, dá ao bebê a oportunidade de ter a *ilusão* de que seu seio faz parte do bebê, de que está, por assim dizer, sob o controle mágico do bebê. . . . A onipotência é quase um fato

entre objeto transicional e o fetiche, no texto "Objetos transicionais e fenômenos transicionais".

> *Eu preferiria guardar a palavra fetiche para descrever o objeto que é empregado devido a um delírio de um falo materno. Iria então mais adiante e diria que devemos manter um lugar para a ilusão de um falo materno, isto é, uma ideia que é universal e não patológico. (p. 405)*

Lembro-me de pacientes que acompanhei. Um deles tinha o desejo de ter um harém e de procriar muitos filhos, como sinal de sua potência, domínio e poder. Sem considerar o sofrimento que poderia provocar, sem remorso, sem conflitos, no "povoamento" com sua genética.

Há pacientes que, justamente pelo mesmo motivo, não se permitem ter sucesso, e fracassam repetidamente – na profissão e na vida amorosa –, como se, ao progredir, matassem o pai, ou destruíssem a potência paterna e, por identificação, a sua própria.

Há que se investigar não só o complexo paterno, tal como se dá em uma análise freudiana clássica, mas a relação com a figura feminina, normalmente sem rosto e sem individualidade, figura idealizada/endemoniada, obscura/eclipsada, mas também supervalorizada narcisicamente, como condição de sobrevivência do

---

da experiência. A tarefa final da mãe consiste em desiludir gradativamente o bebê, mas sem esperança de sucesso, a menos que, a princípio, tenha podido propiciar oportunidades suficientes para a ilusão. Em outra linguagem, o seio é criado pelo bebê repetidas vezes, pela capacidade que tem de amar ou (pode-se dizer) pela necessidade. Desenvolve-se nele um fenômeno subjetivo, que chamamos de seio da mãe. A mãe coloca o seio real exatamente onde o bebê está pronto para criá-lo, e no momento exato" (Winnicott, 1951/1988a, p. 402).

"eu", de cuja figura alguns homens se tornam dependentes, quase adictos, como se privados de uma droga.

No filme *Do que as mulheres gostam*, Nick vai perdendo suas certezas sobre as mulheres, sobre ele mesmo e sua virilidade. Nick tem uma filha adolescente que passa a querer conhecer e respeitar: a filha ganha existência. Começa a se sentir desamparado, identifica-se com uma funcionária da empresa, ao "ler" seus pensamentos, que se sente invisível, pretendendo se suicidar. Pode-se pensar que, em Nick, aspectos femininos inconscientes, sentidos como inexistentes, foram atacados violentamente. Puderam ser reconhecidos no pensar/sentir da funcionária "invisível", com quem faz um resgate, uma reparação, uma restituição de aspectos femininos que não tinham lugar em sua mente até então. Nick, ao reconhecer aspectos que nunca considerou em qualquer mulher (e nele mesmo), valores nunca dantes reconhecidos, transforma-se.

Reconheço, na clínica como na Arte, períodos de intensa vulnerabilidade em um paciente que vou chamar de *Vick*, cujo abalo em sua fortaleza narcísica, que tentara em vão recobrir com sucessos profissionais (falso *self*), nos fez entrar em contato com um vazio interior e uma solidão infinita. Contato com um sentimento de tristeza profunda, quando nos aproximamos de um anseio tantas vezes relegado de ser quem verdadeiramente é. Desde o início da análise, Vick reclama de algo que sentia *"fake"*, falso, sem saber se sentia o que deveras sentia. Em sessões recentes, vê-se como um Hulk que, ao sofrer mutações, rasga a pele, sofre dores de crescimento: reconhece aspectos destrutivos e criativos verdadeiros.

Em outro paciente, que vou chamar de *Rick*, vejo a adição ao sexo recobrindo um sentimento de dependência absoluta e a ilusão (perversa) de que poderia dominar e subjugar mulheres (inferiores em termos sócio-cultural-econômicos a ele), autoenganando-se, como se elas dependessem dele, e não ele delas: mulheres depreciadas e odiadas, as únicas capazes de fazê-lo ter orgasmos, descargas intensas pulsionais, uma fusão de pulsões eróticas sob o predomínio de pulsões destrutivas, mostrando uma dissociação mortífera entre a mulher idealizada e a outra mulher-objeto-droga. Em Rick, que experimenta – talvez pela primeira vez – as dores de ver a mulher como um ser separado de si, que *não possui*, há a possibilidade de vivenciar angústias e permanecer sendo uno. Sente o peito se rasgando em dores intensas.

A figura da mulher, de modos diferentes em Vick e em Rick, apresenta características de mulheres fálicas, poderosas, autoritárias. Mulheres com as quais há que se manter constante guarda e vigilância, em permanente competição e guerra.

Assumir o desamparo, no entanto, não é submeter-se ao destino ou ao fado de uma miserabilidade humana, mas encontrar formas criativas de enfrentar a incerteza e a precariedade, a vulnerabilidade da vida. O "feminino", poderoso e destruidor, está no interior de Nick, Vick e Rick.

A experiência analítica permite a "leitura" deste feminino negado, dissociado, que, ao ser integrado, permite transformações, levando ao crescimento mental.

Klein (1991), no entanto, situa o desenvolvimento da menina e do menino na aguda e turbulenta percepção do seio da mãe, como objeto exterior ao lactente, não na diferença anatômica dos sexos. O seio tem poder. A equação seio-pênis, na perspectiva kleiniana.

Klein recua o chamado complexo edípico para o desenvolvimento primitivo, em que os "eus" incipientes da menina e do menino sofrem um difícil e profundo choque. Como lidar com um objeto – o seio – do qual se é vitalmente dependente e descobrir que ele é *gratificador e frustrante* ao mesmo tempo? Como confiar no seio?

A mãe passa a ser, como nos contos de fadas, bruxa e fada madrinha. Inúmeras defesas surgem para dar ao pequeno infante condições de sobrevivência, nestes primeiros três ou quatro meses de vida, para que ele possa elaborar (ou não) a tarefa de reconhecer a mãe gratificadora como sendo a mesma mãe frustrante (castradora) e ser capaz de cuidar, guardar, reparar os ataques furiosos que faz, em fantasia, às frustrações provocadas por aquela da qual depende para ter o carinho e amor.

Winnicott (1951/1988a) enfatiza, de maneira algo diferente de Klein, que há uma *dependência absoluta* do bebê ao nascer, e até antes, deste ambiente, que a princípio não distingue de si mesmo: há a mãe-ambiente.

Do ponto de vista do *bebê*, diz ele, há duas tarefas fundamentais:

1. Lidar com a ambivalência – amar e odiar o mesmo objeto;
2. Lidar com os conflitos relativos às pulsões, e com as relações com o sexo oposto ao dela.

Do ponto de vista do *ambiente* (função materna), Winnicott ainda afirma a necessidade de:

1. *Previsibilidade* – é importante que a variação ambiental possa estar de acordo com a capacidade de a criança suportar a imprevisibilidade, criando a capacidade, nela, para confiar;
2. *"Preocupação maternal primária"* – a mãe (ou substituta na função) deve seguir, nos primórdios, quase que perfeitamente, o fluxo das necessidades dos bebês. Os pais devem ter as memórias de terem sido bem cuidados, como bebês que foram;

3. *Os pais sentirem-se responsáveis* – ou seja, assumir a responsabilidade de que não estão fazendo nada de mal com os filhos, que *deveriam* protegê-los de situações permanentemente.

Nick não teve a presença de um pai, assim não pôde desenvolver a capacidade de se preocupar com alguém, fora ele próprio (Winnicott, 1963/1990b).

Vick, meu paciente "falso *self*", teve um pai fraco, a quem não admirava, e com quem não podia se identificar, criando sombras no processo de construção de uma identidade masculina estável. Rick, que vive dissociação mortífera, teve um pai perverso, violento, e demorou anos para reconhecer em análise que foi espancado por esse pai. Rick criou, em um esforço de sobrevivência psíquica, uma imagem idealizada, quase heroica, do pai, mas conflitante com outros aspectos do seu eu. Os aspectos perversos cindidos de Rick são projetados nas mulheres com as quais Rick se casa (e tem filhos), e com quem convive em estado permanente de guerra.

Benjamin, no filme *A primeira noite de um homem*, parece ter tido um ambiente mais estável e pôde romper com os pais para ganhar a liberdade e a autonomia.

O que querem os homens? O que querem as mulheres?

Para retornar à questão-título – "o que querem os homens?" –, tomo uma fértil formulação do psicanalista italiano Antonino Ferro. Diz ele que podemos olhar para alguns tipos de *funcionamento mental* que podemos chamar de "homossexuais", independentemente do sexo biológico, ou da escolha de objeto (Ferro, 2008). Diz também que há uma relação homossexual na *forma de relacionar* e de aplacar uma parte de si mesmo temida como muito violenta e impossível de ser contida, que é sedada por meio de:

1. Masturbação;

2. Da *fellatio* ou do ser sodomizado, uma vez que esta parte impossível de ser contida (ou temida como tal) é projetada no Outro.

Penso aqui em outro filme que ilustra bem o processo de *cisão* – modo de lidar com aspectos psicóticos ou primitivos da mente por não haver recursos para administrá-los.

Faço a seguir uma breve sinopse do filme *Clube da luta* (*Fight Club*, 1999), dirigido por David Fincher.

Jack (Edward Norton) é um executivo jovem, trabalha como investigador de seguros, mora confortavelmente, mas está cada vez mais insatisfeito, sente-se "igual aos outros". Enfrenta uma crise severa de insônia, até encontrar uma "cura" para a falta de sono ao frequentar grupos de autoajuda (pacientes com graves problemas de saúde física). Depois de chorar muito, dorme "como um bebê". Convive com pessoas problemáticas, e encontra, em um desses grupos de autoajuda, a viciada Marla Singer (Helena Bonham Carter). Conhece Tyler Durden (Brad Pitt), que o apresenta a um grupo secreto que se encontra para extravasar suas angústias e tensões por meio de violentos combates corporais.

O filme deixa em suspensão – até o final – o fato de que os dois protagonistas são *um só*, um caso de esquizofrenia. No filme, *Tyler* é o aspecto psicótico e primitivo, cindido e projetado pelo obsessivo *Jack*. Jack é "normótico", uma vida "etiquetada" pelo consumo de roupas, móveis de grife. Ter é ser, para Jack (semelhante ao Vick, meu paciente).

Jack foi abandonado pelo pai aos 6 anos. O filme mostra fragmentos das "duas" personalidades, a filmagem mimetiza a própria doença. Nos grupos de autoajuda para doentes graves, Jack atua sentimentos, "sedando" suas angústias, mas perturba-se com o surgimento de uma mulher misteriosa – Marla – ao perceber que ela "usa", como ele, os grupos de autoajuda para expressar os sentimentos.

Jack atribui ao aparecimento de Marla o elemento de ruptura entre ele e Tyler, mas também é Marla que faz Jack reconhecer em Tyler uma destrutividade extremada apavorante e, paradoxalmente, admirada. Marla pode ser alucinada por Jack, pode-se associar Marla com a mãe de Jack, o elemento feminino – destruidor e indomável – em sua personalidade (ao modo de Rick, meu paciente, que vive uma insônia crônica e persistente).

Tyler surge no auge da insônia crônica de Jack. Tyler teria um pai protetor – ao contrário de Jack. Mas age de forma destrutiva, sem remorsos. Aos poucos Jack percebe que Tyler é ele mesmo, Jack.

Tyler, como a personalidade psicótica de Jack, lidera o *Clube da Luta*, lugar secreto, com rituais secretos, onde somente homens são permitidos, que lutam até o limite entre vida/morte. A exclusão do feminino, a cisão, é mortífera. Tyler também é quem "possui" sexualmente Marla. Jack sofre ao ouvir Tyler e Marla tendo relações sexuais "selvagens" (ouve vozes).

Há entre Jack e Tyler um contato *homossexual* – de extravasamento da destrutividade, do que não é contido dentro de Jack, fruto da cisão.

Podemos pensar se, por meio de Marla, Jack vive a possibilidade de atuação de duas formas de vínculo: uma de extrema violência, desprezo, humilhação – Tyler – e outra de fuga e afastamento – Jack.

Ao falhar a defesa psicótica de Jack, há uma percepção da ameaça à sua sobrevivência. Jack vai ficando cada vez mais magro, como um drogado. Tyler, cada vez mais "bombado" e bonitão, bronzeado. Norton e Pitt, os atores, combinaram assim a evolução dos "dois" personagens.

O diretor, Fincher, comenta que a linha mestra do filme é que, segundo o budismo, é necessário *matar os mentores, no caminho do desenvolvimento*. Jack deve, portanto, matar os pais, matar Tyler, que exerceria uma função paterna. Literalmente, não metaforicamente, entretanto. Psicótica mente.

Na saúde, é possível aceitar o desamparo, elaborar renúncias, e até, como nos dois primeiros filmes citados, chegar a novos aprendizados e reinventar novas formas de relacionamento: Benjamin e a filha de Mrs. Robinson; Nick e a sua chefe. No entanto, há outras trajetórias, como a de Jack/Tyler, em que aspectos psicóticos compareçam e promovem grande destruição. Na personalidade de Vick, meu paciente (um "falso *self*"), e Rick, outro paciente (aspectos perversos em luta com outros aspectos "normóticos").

Comentários

Ferro (2008), no capítulo intitulado "Homossexualidades, um campo a ser arado", convida-nos a pensar que há casais – inclusive heterossexuais – que mantêm relações do tipo homossexual. Como a relação homossexual intrapsíquica entre Jack e Tyler, figura imaginária e projetada de Jack, que conteria toda a agressividade que Jack não consegue conter em si.

Em um casal com funcionamento homossexual, um pode projetar no outro (não importa se é uma dupla de homens, dupla de mulheres, ou um casal hétero) a violência que não encontra continência e, assim, não pode sentir/pensar de forma criativa, e sim destrutiva.

Essa violência é direcionada a atacar e destruir aquilo que ama – no caso Marla, no filme *Clube da Luta*. Destruindo a si mesmo, destrói os objetos amados. Destruindo os objetos amados, destrói a si mesmo.

Um funcionamento mental homossexual, embora a relação seja entre um homem e uma mulher, ou seja, heterossexual.

Ferro (2008) distingue:

1. Um *funcionamento psíquico do tipo homossexual masculino* (duplas de homens, de mulheres, ou casal homem/mulher), como aparece no filme *Clube da Luta*, em que a violência *pula para fora* e a dupla não consegue lidar com a "besta fera" solta;

2. Um *funcionamento psíquico homossexual do tipo feminino* (duplas de homens, duplas de mulheres, ou casal homem/mulher), quando se evita, se impede que sentimentos e pensamentos "pulem para fora". Uma espécie de *blindagem*: o casal (de homens, de mulheres, ou homem/mulher) faz um pacto de aparente harmonia, a "família Doriana", a "família cenográfica",[3] em que há um congelamento de emoções, um pacto de morte. Ferro pondera que este funcionamento talvez seja ainda mais arcaico. Uma negação radical de conflitos.

---

3 Expressão de um paciente masculino, para ilustrar uma aparente harmonia, hipócrita.

Ferro (2008) assinala que é o funcionamento mental que determina a homossexualidade dos tipos masculino ou feminino nas relações entre dupla de homens, dupla de mulheres, e de um casal heterossexual. Assim sendo, dois homossexuais masculinos ou duas homossexuais femininas podem ter um funcionamento psíquico de fértil e produtiva interação.

Essa é uma visão que escapa do biológico e permite pensar o que acontece na contemporaneidade – casamentos de homossexuais; dificuldades sérias de relacionamento entre casais heterossexuais, homem/mulher; novas configurações familiares em que convivem filhos de vários casamentos; transexualidade; poliamor etc.

Ferro (2008) ainda aponta outros funcionamentos psíquicos que deslizam para a transexualidade, e uma parte de si temida, violenta, que, não podendo ser contida, leva a uma "feminilização", com fantasias de submissão àquilo ou àquele que personificaria este excesso de masculinidade. Esse processo pode ser mantido cindido, a pessoa funcionando sadia, tendo um relacionamento heterossexual, com filhos, uma atividade profissional. E esses aspectos cindidos atuam como poderosas forças autodestrutivas, a exigirem descargas por meio de fantasias de sodomização.

São protoemoções, diz Ferro, que não encontraram continência em momentos muito primitivos nas relações precoces, e é difícil saber como acontece a "escolha" do sintoma.

O que determina uma relação heterossexual, no sentido de fertilidade na troca e produção de novas interações (entre homens e mulheres, homens e homens, mulheres e mulheres), é a *qualidade de funcionamento psíquico* em que haja (em um e/ou no outro) acolhimento e capacidade de penetração e transformação, ou seja, aspectos femininos e masculinos em interação fluida, contínua, permutável.

O que os homens querem? O que as mulheres querem? Talvez o mesmo. A questão é complexa, na medida em que há que considerar como se estabelece o funcionamento – intrapsíquico – do masculino e do feminino em homens e mulheres. E como – interpsiquicamente – atuam os elementos femininos e masculinos na formação do casal (de homens, mulheres, homem/mulher).

Na minha opinião, Ferro (2008) traz uma fértil contribuição para que a reflexão biológica, relacionada à interação entre os sexos baseada em comportamentos, desloque o seu vértice para pensarmos, psicanaliticamente, nas interações que possam permitir o crescimento mental da dupla, seja uma dupla de homens, dupla de mulheres, ou dupla homem-mulher.

Espero ter aberto uma questão, mais do que respondê-la, neste texto. Fiz uso da Arte, por meio de filmes, e os relacionei às descrições estruturais de meus pacientes homens para refletir sobre o funcionamento psíquico e interativo entre aspectos primitivos, narcísicos, perversos e neuróticos, presentes de forma mosaica nos protagonistas-personagens dos filmes, assim como na minha clínica, e que se apresentam assim: de forma condensada, como se apresentam os sonhos e as associações livres.

Psicanálise é coisa de detalhe. É artesanal. Pessoal. Significativa. Um trabalho complexo e íntimo, paradoxal. Intransferível. Sempre no limite – vida/morte.

Referências

Ferro, A. (2008). As homossexualidades: um campo a ser arado. In A. Ferro, *Técnica e criatividade: o trabalho analítico* (M. Petricciani, trad., pp. 91-102). Rio de Janeiro: Imago.

Freud, S. (1930/1997). *O mal-estar na civilização* (J. O. de A. Abreu, trad.). Rio de Janeiro: Imago.

Freud, S. (1931/2010). Sobre a sexualidade feminina. In S. Freud, *Mal-estar da civilização, novas conferências introdutórias à psicanálise e outros textos (1930-1936)* (P. C. Souza, trad., pp. 371-398). São Paulo: Companhia das Letras.

Klein, M. (1991). Notas sobre alguns mecanismos esquizoides, 1946. In M. Klein, *Inveja e gratidão e outros trabalhos (1946-1963)* (B. H. Mandelbaum et al., trad., Vol. 3). Rio de Janeiro: Imago.

Mezan, R. (1985/1990) *Freud, pensador da cultura*. São Paulo: Brasiliense.

Winnicott, D. W. (1945/1988b). O desenvolvimento emocional primitivo. In D. W. Winnicott, *Da pediatria à psicanálise* (pp. 269-285). Rio de Janeiro: Francisco Alves.

Winnicott, D. W. (1951/1988a). Objetos transicionais e fenômenos transicionais. In D. W. Winnicott, *Da pediatria à psicanálise* (pp. 389-408). Rio de Janeiro: Francisco Alves.

Winnicott, D. W. (1957/1996). A contribuição da mãe para a sociedade. In D. W. Winnicott, *Tudo começa em casa* (pp. 97-100). São Paulo: Martins Fontes.

Winnicott, D. W. (1963/1990a). Da dependência a independência no desenvolvimento do indivíduo. In D. W. Winnicott, *O ambiente e os processos de maturação* (pp. 79-87). Porto Alegre: Artes Médicas Sul.

Winnicott, D. W. (1963/1990b). Desenvolvimento da capacidade de preocupar. In D. W. Winnicott, *O ambiente e os processos de maturação* (pp. 70-78). Porto Alegre: Artes Médicas Sul.

7. Conversando com a neta

Ana Maria Stucchi Vannucchi

> *É sua vida que eu quero bordar na minha*
> *Como se eu fosse o pano e você fosse a linha*
> *E a agulha do real nas mãos da fantasia*
> *Fosse bordando ponto a ponto nosso dia a dia*
>
> "A linha e o linho", Gilberto Gil (1983)

A menina foi se aproximando de mansinho da avó, que estava distraída, pensando na vida... e disparou:

"Vó, o que é feminino?"

A avó se assustou com a pergunta direta, e disse: "De onde foi que apareceu esta pergunta tão difícil?".

A menina ficou sem graça e não soube explicar de onde tinha vindo aquela palavra nem aquela curiosidade. Seu pensamento foi atraído por um caminho longo cheio de árvores frondosas, bichos estranhos e simpáticos, rios e lagos azuis... além de penhascos altos e perigosos... eram várias imagens que sua imaginação estava criando, onde ela passava e se distraía. De repente a avó falou:

"Mas eu acho que alguma ideia sobre o que é feminino você tem... no que você estava pensando?"

"Eu acho que feminino é coisa de mulher, não tem nada a ver com o que eu estava pensando..."

"Será mesmo? Vamos ver... que coisas de mulher você pensou?"

"Eu pensei que mulher quer ficar bonita, quer se enfeitar... usar salto alto, batom, flor no cabelo... quer ser princesa... elas sempre são mais bonitas que os príncipes..."

"Então você acha a beleza é uma coisa importante para as meninas? E os meninos?"

"Eu acho que eles não ligam muito para isso, querem ser fortes e ganhar as lutas e jogos..."

"Mas você também gosta de ganhar as disputas que aparecem... pensa bem, quando você joga comigo, você detesta perder... gosta de ganhar as corridas... as partidas com seus amigos, as lutas com seu irmão..."

"Vó, agora tô ficando confusa... as meninas também querem ser fortes e corajosas e os meninos também querem ser bonitos... o Bruno se acha feio e por isso fica sempre de lado, separado da gente..."

"Então", disse a avó, "tem uma amiga minha[1] que sempre fala: '... *grupo que só tem mulher, fica sem graça, precisa ter mulher e homem pra conversa ficar interessante, senão fica tudo na mesmice!*'".

Em seguida lembrou-se de Clarice Lispector (2010): "o que mais interessa aos homens são as mulheres, e o que mais interessa

---

[1] Ana Maria Andrade Azevedo (comunicação pessoal).

às mulheres são os homens...". E continua: "O homem é nosso igual e ao mesmo tempo diferente? É. O homem é bonito? É. O homem é engraçado? É. O homem é um menino? É. O homem é também um pai? É. Nós brigamos com o homem? Brigamos. Nós não podemos passar sem o homem com quem brigamos? Não" (p. 131).

"Então", disse a avó, "é muito difícil a gente separar o que é dos meninos e o que é das meninas. Sai briga mas um não vive sem o outro... são complementares...". A avó estava muito insatisfeita com sua explicação, percebendo como era difícil para ela colocar experiências tão complexas em palavras claras e simples. Por outro lado, achou que a menina precisava de um esclarecimento... decidiu continuar tentando manter e ampliar a conversa.

"Vó, é bem confuso... a gente briga mesmo, mas logo faz as pazes porque as brincadeiras ficam sem graça mesmo sem os meninos... mas que a gente é diferente é."

"Então, sabe aquele escritor que a vovó está sempre lendo, que se chama Freud? Ele pensava que os dois sexos estão presentes no homem e na mulher [Freud, 1905/2016]. No corpo são diferentes porque os meninos têm pênis e as meninas não... cada um deles tem a sua marca própria..." Como introduzir na conversa as noções de vagina, útero, seio, interioridade? Essas dúvidas ocuparam por um tempo o pensamento da avó, que em seguida pensou: "Vou começar pelo início de tudo, e aos poucos vou acompanhando o surgimento das analistas mulheres, da analise de crianças e de uma outra visão da sexualidade feminina... [Roudinesco, 1944/2014]"

"Você sabe o que é pênis?"

"Claro, vó, meu pai me explicou; é pinto, que ele tem e o meu irmão também... eu não tenho nem minha mãe, nem você. Às vezes eu falo pinto e as vezes pipi... depende..."

"Então, o Freud achava que as meninas se sentem prejudicadas por não terem pinto..." A avó continuou insatisfeita pensando qual seria a melhor maneira de explicitar noções tão complexas como as de bissexualidade, complexo de castração, ou mesmo a luta de Freud (1933/2009) para refletir profundamente sobre a polêmica questão de a anatomia (Freud, 1912/1976) ser ou não ser o destino! Como explicar as lutas de Freud para dissociar biológico e psíquico, bem como as reflexões geradas por várias gerações de psicanalistas mulheres na busca de pensar, repensar e contestar as palavras de Freud e o mistério da feminilidade? Em meio a esses pensamentos, ela quase não escutou quando a menina disse:

"Vó, eu acho que eu queria, sim, ter pinto, para fazer xixi de pé... mas eu não queria ser homem... queria ter um peitão bem grande como você e a mamãe."

"Isso faz lembrar outra estudiosa do assunto, chamada Melanie", lembrou-se a avó. "Ela dizia que os homens têm muita inveja das mulheres, porque não têm peito, não carregam os bebês na barriga, não dão de mamá pra eles..." A avó ficou satisfeita com essa observação da menina, pois foi trazendo à conversa simples entre elas o desenrolar de algumas noções importantes no estudo da masculinidade/feminilidade, tal como ocorreram na história da psicanálise. Pensou num relance nas noções de posição feminina e representação inconsciente da vagina, cunhadas por Klein (1945/1996). Lembrou-se também de como Mitchell (1994) resumiu o simpósio Londres-Viena destacando as diferenças entre Freud e Klein, no que diz respeito à sexualidade feminina: para Freud, a feminilidade se equaciona ao passivo, ao vazio, ao nada e, para Klein, se aproxima do pleno, transbordante: a inveja de uma mãe que tem tudo. Pensou novamente que não era possível pensar um aspecto sem considerar o outro, e na difícil tarefa que estava tentando tecer...

A menina continua, animada: "Isso é mesmo muito legal e os meninos não podem carregar os nenês na barriga... meu pai cuida muito da gente, faz comida, mas dar de mamá pra gente ele não pode... Minha mãe que fez essa parte... mas ela também faz coisas de homem: trabalha, ganha dinheiro, conserta muitas coisas quebradas lá em casa... escreve um trabalho no computador, faz as contas do dinheiro que a gente tem... Você acredita, vó, que ela faz mais dessas contas do que ele?".

Disse a avó: "Então, a gente percebe que as diferenças do corpo podem não corresponder às diferenças da mente...".

"Vó, o que é mente? Isso eu não sei..."

"Mente é o nosso pensamento, o que a gente sente, sonha, imagina... Será que os sentimentos das meninas são diferentes dos meninos?" A avó se sentiu em maiores dificuldades... Pensou na relação corpo-mente, que teve vários desenvolvimentos a partir de Freud (1923/2011), e de sua proposta de um ego corporal. Pensou em Winnicott (1949/1988) e em sua ideia de uma unidade psique--soma desde o início da vida, que requer ambiente adequado para dar continuidade ao sentimento de existência. Lembrou-se também do Armando Ferrari (1995), que dizia que a mente se cria para dar conta da turbulência do corpo e que o corpo não pode nunca ser desconsiderado, e que entra em eclipse quando a mente surge. Mas também pensou em quantos outros elementos estão em jogo nessa relação... Quantos homens têm mente predominantemente feminina, embora o corpo e a identidade sejam masculinas. O mesmo vale para as mulheres... Pensou que estava metida numa grande encrenca e que seria mais fácil distrair a menina e desviar a conversa para algum outro assunto. Mas resolveu continuar...

"Você acha que as mentes dos meninos são diferentes das mentes das meninas?"

"Eu não sei, vó, eu tenho que perguntar... as meninas querem muito ser queridas pelos meninos, pelas amigas... pelo pai, pela mãe, pelos irmãos... acho que isso é a coisa mais importante pra mim..."

"E os meninos, não querem?"

"Acho que sim, mas de um jeito diferente... eu penso sempre se eu vou casar com um menino lindo e ter meus filhinhos... antes eu queria casar com meu pai, mas minha mãe já casou com ele... ou então casar com meu irmão... mas ele tem outras namoradas na creche. E o Paulo não liga pra mim..."

A avó pensou novamente em Freud (1905/2016), quando ele destaca e enfatiza o mito de Édipo. Que descoberta incrível! Mesmo tendo sido narrado pela primeira vez por Sófocles, foi Freud quem fundou a psicanálise com base nesse mito e mostrou como o funcionamento da mente é determinado por ele... Lembrou-se também de Bion (1963/2004), colocando-o como uma das categorias da grade... isto é, como algo fundamental para o desenvolvimento da capacidade de pensar... tanto no sentido de uma capacidade investigativa, como também da capacidade de aceitar o limite da nossa ignorância e não cair no pecado da *hybris*... visto aqui como um orgulho arrogante. A avó achou difícil continuar essa conversa, que oscilava entre esses dois polos, e imaginou a possibilidade de criar uma "escala" que saísse da curiosidade em direção à compaixão. Resolveu tentar um outro caminho, desta vez musical...

"Sabe, você me lembra de uma música infantil de brincadeiras de roda que se chama 'Teresinha de Jesus'? Você conhece?"

"Claro, vó, vou cantar para você:

Teresinha de Jesus
de uma queda foi ao chão
Acudiram três cavalheiros,
Todos três chapéu na mão
O primeiro foi seu pai
O segundo seu irmão
E o terceiro foi aquele
A quem Teresa deu a mão

A avó ficou comovida... lembrou que essa música do folclore popular surge transformada, embora com a mesma invariância, na *Ópera dos três vinténs*, escrita por Brecht e Kurt Weil, e inspirou a *Ópera do malandro*, do Chico Buarque... Lembrou-se que Chico escreveu muitas letras com alma feminina, tal como nos mostra Menezes (2000)... Decidiu perguntar: "Você já escutou as músicas do Chico Buarque? Tem uma que se chama 'Teresinha', parecida com essa que você cantou pra mim...".

"Minha mãe escuta muito o Chico Buarque... meu pai também..."

"E você acha bonitas essas músicas?"

"Eu acho, vó... mas é de antigamente... às vezes eu não entendo..."

"Então esta música, em suas várias versões, fala disso que a gente está tentando conversar: de como a menina vai virando mulher e vai escolhendo seu amor durante a vida... mudando do pai, para o irmão e depois para um parceiro, namorado, marido..."

A avó se comoveu lembrando da música e cantou-a em voz alta:

> O terceiro me chegou
>
> Como quem chega do nada
>
> Ele não me trouxe nada
>
> Também nada perguntou
>
> Mal sei como ele se chama
>
> Mas entendo o que ele quer
>
> Se deitou na minha cama
>
> E me chama de mulher
>
> Foi chegando sorrateiro
>
> E antes que eu dissesse não
>
> Se instalou feito um posseiro
>
> Dentro do meu coração
>
> (Buarque, 1978)

A menina escutava atentamente: "Vó, o que é posseiro?".

"Posseiro é também ligado à terra, difícil te explicar... se alguém mora numa casa há muito tempo, que depois de anos o dono não aparece, ou não tem o dono, ele se sente dono e fica lá pra sempre... mas nesta música ele fala de amor, encontrar um amor para sempre... ficar dono do coração da moça para sempre..."

A menina logo se inquietou:

"Como ele pode ficar dono do coração dela para sempre? É mesmo para sempre? Eu quero que o meu pai e a minha mãe fiquem juntos para sempre, mas muitos se separam, como você, minha outra avó... eu não sei se eu quero ter um namorado para sempre... é muito tempo..."

A avó pensou: para sempre é sempre por um triz... como outra música de Chico Buarque e Edu Lobo (1983), mas resolveu se calar. Pensou também no Vinícius de Morais (1960): "que não seja imortal posto que é chama, mas que seja infinito enquanto dure". Sentiu que esta conversa era muito linda, mas que, ao mesmo tempo, tocava em temas tão dolorosos... Para que rimar amor e dor?, tal como dizem Monsueto e Arnaldo Passos, na voz de Caetano Veloso (1972).

A menina se comove, seus olhos se enchem de lágrimas... ela se cala... o silêncio aparece neste instante como um momento de repouso necessário, numa caminhada linda, mas árdua. Depois de um tempo, a menina se refaz e diz: "Acho que isso de gostar e ser gostada é uma coisa muito importante para as meninas e... eu fico tão triste quando eu sinto que eu gosto de alguém, mas a pessoa não gosta de mim...".

A avó lembrou-se novamente de Freud (1933/2009) e de ser amada como protótipo do feminino, da passividade, diferente do amar ligado à atividade da libido, pensado por ele como masculina. Recordou-se também que Jacques Andrés (2009) considera a passividade, o ser amada e ser penetrada como elementos que estão no âmago da sexualidade feminina. Mas continuou muito pensativa e, sobretudo, em dúvida.

Como ligar essas observações com o prazer de ser mulher, no sentido existencial e também sexual? Como pensar e conversar sobre o prazer de gestar e de amamentar? Como pensar a possibilidade de orgasmos múltiplos diante da ideia de masoquismo feminino elaborada por Freud (1924/2007), que se liga às noções de passividade, de fusão pulsional entre vida e morte e de capacidade para o sofrimento, expressa na ideia de "sofrer" o coito? Como utilizar uma lógica da complexidade, em que as ligações entre as ideias sejam isto e aquilo, e não isto ou aquilo? Novamente a avó se sentiu em grandes dificuldades...

E como pensar Tirésias, tal como o descreve Brandão (1991), que foi homem e mulher consecutivamente, tendo, portanto, a experiência dos dois sexos? Segundo o mito, Tirésias foi chamado por Zeus para esclarecer uma dúvida surgida numa discussão com Hera: "Quem teria maior prazer num ato de amor, o homem ou a mulher?". Tirésias respondeu, sem hesitar, que, se um ato de amor pudesse ser fracionado em dez parcelas, a mulher teria nove e o homem uma. Hera ficou furiosa, porque Tirésias havia revelado um grande segredo feminino... Ao mesmo tempo, essa observação foi tomada pelo avesso, ao se considerar que poderia decretar a superioridade do homem, capaz de dar tanto prazer à mulher... Não havia como sair desta velha polêmica...

A avó deixou essas questões de lado e pensou: agora, tenho pela frente o desafio de ajudar esta menina a florescer... pensou que o prazer de ser mulher estaria ao seu lado nesta travessia! Então disse:

"Às vezes a gente acha que a pessoa não gosta da gente, só porque ela é diferente da gente, vê o mundo de outro jeito... mas realmente o amor é uma coisa muito importante na vida. Freud [1905/2016] achava que, para os homens, era mais importante amar e para as mulheres serem amadas... ele via essa diferença entre eles... Mas, pensando bem, a gente fica em dúvida, né??"

"Sabe, vó, eu vejo mais a diferença no corpo... não sei... no pensamento também... mas o corpo a gente pode ver, e o pensamento não..."

"Sim", disse a avó, "cada corpo tem uma geografia própria...".

"Como assim, vó? Geografia? Isso não é de países, continentes? Paisagens?"

"É verdade, mas a gente pode fazer uma aproximação entre o corpo e a terra... tudo que tem na terra, tudo que brota e cresce..."

"Sabe, logo no começo da conversa eu fiquei em silêncio, pensando numa floresta..."

"Mesmo? Você não tinha me contado..."

"Eu pensei em árvores, rios, lagos, montanhas e muitos bichos... você sabe que eu adoro bichos... até aranha, barata, cobra eu gosto... são seres vivos." A avó lembrou-se do "continente verde" cunhado por Haudenschild (2016) para nomear a analogia que faz Lou Salomé da mulher com a árvore, que dá frutos e sombra, em contraste com a ideia de Freud (1924/2007) da mulher como continente negro.

"Então, o Chico Buarque, de que a gente estava falando, tem uma música que mostra essa aproximação..."

"O mesmo da Teresinha de Jesus?"

"Isso mesmo!"

"O corpo das mulheres tem muitas curvas, o dos homens é mais reto... até o pinto parece reto", disse a menina.

Então aí estamos na geografia do corpo. A avó lembrou-se que Freud, ao perceber a complexidade das questões ligadas ao "continente negro", como ele chamava a mente da mulher, pede ajuda aos poetas, e se sentiu bem acompanhada ao recordar-se da música "Cala a boca, Bárbara", da peça Calabar, montada nos inícios dos anos 1970:

> *Ele sabe dos caminhos*
>
> *Dessa minha terra*
>
> *No meu corpo se escondeu*
>
> *Minhas matas percorreu*
>
> *Os meus rios*
>
> *Os meus braços*
>
> *Ele é meu guerreiro*
>
> *(Buarque, 1973)*

A menina escutava atenta... as curvas são montanhas, os peitos também... mas e as matas? "Podem ser os pelinhos, vó? E os rios? Algumas coisas eu entendo, outras eu não entendo nada..."

A avó disse assim: "Tem muita coisa que a gente vai entendendo um pouco mais com a passagem do tempo, mas tem outras que continuam misteriosas para sempre". A avó lembrou-se então de Luis Tenório Lima (1993), dizendo: "Se a mulher é o território escuro, se a mulher é o mistério, o homem por acaso é mais claro? Este, o mal-entendido" (p. 63).

"Mas essa comparação do corpo com a geografia eu achei muito legal! Tudo faz parte da natureza... e eu adoro a natureza!!"

"Então", pensou a avó, "como falar da passagem da natureza à cultura?". Disse: "Aí que entra a mente, nos fazendo seres humanos, que fazem parte da natureza mas não são só animais... como eu e você conversando agora... não é algo da natureza, são coisas criadas pelo ser humano...".

"Mas os animais também conversam, vó, só que a gente não entende..."

"É verdade, tem uma parte que se transmite pelos genes, mas tem outra parte que os seres humanos constroem.."

"Vó, o que são genes?"

"Minha querida, quanta coisa difícil está aparecendo na nossa conversa... você percebe que há muitas coisas parecidas suas com seu pai, sua mãe, seu irmão? Comigo mesma também? Você tem cabelo encaracolado como sua mãe, é baixinha como sua avó... tem olhos castanhos como seu pai e sua mãe, você é inteligente como sua mãe e seu pai... essas coisas se transmitem pelos genes, que são como uns peixinhos minúsculos, que passam do pai para a mãe, juntam-se com outros da mãe e passam para os filhos... é uma parte que a gente chama de filogenética... vem dos nossos antecessores muito antigos... tem uma parte do ser mulher e feminina que também vem por aí... mas tem outra parte que é feita na vida, aos poucos a gente vai se tornando quem a gente é mesmo." Ficou lembrando dos conceitos de feminilidade e masculinidade de base, criados por Ferrari (2000), que funcionam como preconcepções que se preenchem ou se realizam por meio da experiência... mas como esclarecer tudo isso para a neta?

"Vó, eu sei que isso acontece, sim... tem uma parte de ser menina que veio da minha mãe, de você, da outra avó, mas tem outra parte que é minha... acho que eu vou ser diferente de vocês, mesmo sendo muito igual."

"Muito lindo isso que você pensou!", disse a avó, animada... "Sim, essa outra parte vai ser construída na vida, pelas experiências com as pessoas com que você convive em casa, na escola, e com os meninos também."

"Então, vó, os meninos acham ridículo eu levar meus filhotes para a escola... mas eu levo e gosto... eu sou moleca, brinco com eles, mas nisso eles não me entendem... as meninas e a professora já entendem... algumas levam as bonecas mesmo, eu levo os bichinhos de pelúcia... mas a professora disse que no ano que vem a gente não vai poder levar mais... eu já detestei... será que por acaso atrapalha a aula? Eles não entendem que isso é muito importante para mim!!!"

"Então essa parte que você fala esclarece um pouco do feminino que você me perguntou: a importância e o amor pelos filhos... talvez seja algo que marca o feminino."

"Mas o meu pai também ama e cuida muito da gente!!"

"Então, isso a gente pode pensar como uma parte feminina dele!!"

"Sei, vó, mas isso a gente não vê, é in-visível, né?"

"E aí está mesmo o problema, muitas vezes acreditamos que aquilo que a gente não vê não existe... eu acho que esta conversa entre nós vai tecendo algo dentro da gente..."

"Tecendo??"

"Sim, como um crochê... ou tricô... ou quando costuramos..."

"Você lembra que eu te pedi para me ensinar a fazer tricô?"

"Tricô eu não sei", disse a avó, "mas posso ensinar crochê. Então, esta conversa é como um crochê... a gente vai tecendo algo dentro da gente."

"Tô achando isso muito esquisito, vó..."

A avó se sentiu atrapalhada novamente... Lembrou-se de Annie Anzieu (1989/1992) pensando masculino e feminino como polos positivo e negativo e a confusão causada pela equivalência entre feminino e negativo. Caminhando em seu pensamento, Anzieu encontra a profunda positividade do negativo, da ausência de pênis ao desejo positivo de penetração pelo pênis... Klein já dissera isso muito antes... Conteúdo transformado em continente... encontro com Bion... O que pode ser in-visível, pensado como nada, pode ser visto como interioridade... Mas como falar disso com a neta?

"Então, dentro da gente tem espaços... o feminino cria espaços dentro da gente... o bebê na barriga você já lembrou... mas tem espaço para o homem também dentro da mulher... você já ouviu falar em vagina?" A avó lembrou-se da Florence Guignard (2009) e de suas considerações sobre os processos de diferenciação e possível integração entre o feminino e o materno primários.

A menina nunca tinha escutado essa palavra: "Só xoxota, periquita, vó".

"Então, a xoxota é como uma abertura para se encontrar com o homem... abertura que vai dar em um canalzinho que desemboca no útero, no lugar onde os bebês são gerados e se desenvolvem até nascer. Mas nada disso se pode ver por fora... é in-visível."

"Então, vó, se a gente olhar meu corpo por fora, não tem peito nem pinto, parece que não tem nada... parece que não é nada... tudo isso que você falou está dentro."

"Dentro do corpo e também dentro da mente, porque você já está imaginando o futuro, quando você crescer..."

A avó lembrou-se então da conversa sobre a interioridade do feminino, entre Damien e Veronique, contada por Anzieu (1989/1992):

> V: *A mamãe me disse que me alimentou três anos no peito.*
>
> D: *Eu também, até um pouco mais.*

> V: *Sim, mas ela já me alimentava quando eu estava na barriga dela.*
>
> D: *Isso é impossível, o peito fica do lado de fora.*
>
> V: *Imagina! Para as meninas existe um peito dentro também. Você é menino, você não tinha necessidade...* (p. 61)

Então, Rosa, na menina está tudo de feminino dentro dela, o peito está dentro, o lugar dos bebês também... mas o peito vem para fora quando as meninas crescem e ficam mocinhas. Você vai ver."

"Vó, achei superlegal essa ideia! Então tem um peito dentro que depois pula pra fora? Eu me sinto mais completa desse jeito!"

"Será??, perguntou a avó, apreensiva... "Completa quer dizer que não falta nada..."

"Vó, claro que falta muita coisa, falta brincadeira, falta calma, falta coragem, falta... mas esta ideia de ter um peito dentro me alegrou muito, me deixou muito feliz."

A avó se encantou com este momento de alegria. E pensou: "então, parece que a conversa tinha sido fértil, tinha propiciado vivências profundas na menina, que podia se alegrar de ser menina e aprender algo sobre ela mesma".

"Vó, você pode tomar conta do meu filhote enquanto eu vou andar de bicicleta?"

Lá se foi a menina passear pelo parque. E a avó continuou ali mesmo onde estava, pensando na linda conversa que ambas tinham tido e imaginando a mulher que a neta um dia poderia ser...

Referências

Andrés, J. (2009). A vida de hoje e a sexualidade de sempre. *Jornal de Psicanálise, 42*(77).

Anzieu, A. (1992/1989). *A mulher sem qualidade: estudo psicanalítico da feminilidade.* São Paulo: Casa do Psicólogo.

Bion, W. R. (1963/2004). *Elementos de psicanálise.* Rio de Janeiro: Imago Editora.

Buarque, C. (1973). Cala a boca, Bárbara. *Chico canta.* [S.l.:] Universal Music.

Buarque, C., & Lobo, E. (1983). Beatriz. In *O Grande Circo Místico.* [S.l.:] Som Livre.

Buarque, C. (1978). Teresinha. In *Ópera do malandro.* [S.l.:] Universal.

Brandão, J. de S. (1991). O mito de Narciso. In *Mitologia grega* (Vol. II). Rio de Janeiro: Vozes.

Ferrari, A. (1995). *O eclipse do corpo: uma hipótese psicanalítica.* Rio de Janeiro: Imago.

Ferrari, A., & Stella, A. (2000). *A aurora do pensamento.* São Paulo: Editora 34.

Freud, S. (1905/2016). Três ensaios sobre a teoria da sexualidade. In *Obras completas de Sigmund Freud* (Vol. 6). São Paulo: Companhia das Letras.

Freud, S. (1912/1976). Sobre a tendência universal à depreciação na esfera do amor-contribuição à psicologia do amor II. In *Edição standard brasileira das obras psicológicas completas de Sigmund Freud* (Vol. XI). Rio de Janeiro: Imago.

Freud, S. (1923/2011) *O Eu e o Id*. In S. Freud, *Obras completas de Sigmund Freud*. São Paulo: Companhia das Letras.

Freud, S. (1924/2007). O problema econômico do masoquismo. In S. Freud, *Obras psicológicas de Sigmund Freud* (Vol. 3). Rio de Janeiro: Imago.

Freud, S. (1933/2009). A feminilidade. In S. Freud, *Obras completas de Sigmund Freud* (Vol. 19). São Paulo: Companhia das Letras.

Gil, G. (1983). A linha e o linho. In *Extra*. [S.l.]: [s.n.]

Guignard, F. (2009). Entrevista: Processos identificatórios do masculino e feminino. *Jornal de Psicanalise*, 42(77).

Haudenschild, T. R. L. (2016). *Psicossexualidades: feminilidade, masculinidade e gênero*. São Paulo: Escuta.

Klein, M. (1945/1996). O Complexo de Édipo à luz das ansiedades arcaicas. In M. Klein, *Amor, culpa e reparação e outros trabalhos – 1921-1945*. Rio de Janeiro: Imago.

Lima, L. T. O. (1993). O feminino em Freud: o feminino na psicanálise. In A. V. Mautner et al., *Em busca do feminino*. São Paulo: Casa do Psicólogo.

Lispector, C. (2010). Amor imorredouro. In C. Lispector, *Clarice na cabeceira; crônicas*. Rio de Janeiro: Rocco.

Menezes, A. B. (2000). *Figuras do feminino na canção de Chico Buarque*. São Paulo: Ateliê Editorial/Boitempo.

Mitchell, J. (1994). La cuestión de la feminidad y la teoria psicoanalitica. In M. Lemlij (Ed.), *Mujeres por mujeres*. Lima: Biblioteca Peruana de Psicoanálisis.

Menezes, M. de, & Passos, A. (1962). Mora na filosofia. In *Mora na filosofia dos sambas de Monsueto*. [S.l.:] Odeon.

Morais, V. (1960). Soneto de fidelidade. In V. Morais, *Antologia poética*. Rio de Janeiro: Editora do Autor.

Roudinesco, E. (1944/2014) *Sigmund Freud na sua época e em nosso tempo*. Rio de Janeiro: Zahar Editores.

Vannucchi, A. M. S. (2009). Masculino e feminino: vicissitudes e mistérios. *Jornal de Psicanálise, 42*(77).

Veloso, C. (1972). Mora na Filosofia. In *Transa*. [S.l.:] Polygran.

Winnicott, D. W. (1949/1988) A mente e sua relação com o psique-soma. In D. W. Winnicott, *Da pediatria à psicanalise: textos selecionados*. Rio de Janeiro: Francisco Alves.

8. Matrioskas[1]

Maria Helena Fontes

Para Didi, a mulher que veio antes.
Para Mariana, Carolina, Teresa, Luisa e
Eleonora, que vieram depois.

A casa já está silenciosa há algum tempo quando deixo o quarto da minha mãe, agora convertido em um leito de hospital. Depois do banho demorado, afundo o corpo na cama sentindo o conforto dos lençóis impregnados pelo perfume dos ramos secos de alcaçuz dispostos nos cantos dos armários onde minha mãe sempre os guardou. Lembro que, na infância, a troca da roupa de cama trazia a noite mais esperada da semana; a ordem e limpeza pareciam emanar dos lençóis perfumados, garantindo que tudo estava e sempre estaria no lugar certo e assim estancava a contínua sensação – que me comprimia como um líquido espesso – de a qualquer momento despencar no vazio.

---

1 Agradeço a Sergio Oliveira pela leitura atenta e pelas preciosas sugestões ao texto.

Esperando o sono chegar, percorri vagarosamente com o olhar todos os detalhes do quarto que fora meu durante tantos anos. Minha mãe manteve os móveis e os objetos com a mesma disposição que eu deixara quando fui embora de sua casa.

Apesar do cansaço, sentia alívio e gratidão por ter cuidado daquele bebê grande e ossudo que eu agora tinha de banhar no leito, colocar fraldas, dar comida e depois, com gentileza, meter em sua boca uma espátula com gaze embebida em líquido antisséptico limpando a língua amarela e a mucosa esbranquiçada, completando a limpeza com nova gaze ensopada, retirada sem vestígios de secreções para que o cheiro de menta consiga, por algum tempo, se sobrepor ao odor do hálito da morte. Uma vez trocada e limpa, pude compensá-la da enorme tensão corporal provocada pela sequência das ações higiênicas – acariciando sua mão busquei adormecê-la cantando baixinho todas as músicas que, na minha infância, eu a ouvia cantar em casa com o mesmo registro vocal com que cantava os hinos no coral da Igreja. Cantei também as músicas que, na minha infância e adolescência, ela costumava me pedir para cantar, ouvindo com evidente prazer e orgulho.

Escolhi cuidar de minha mãe em seus momentos finais ao invés de levá-la para um hospital onde ela iria morrer distante da família. Estar assim com ela era uma forma de lhe retribuir o amor e o cuidado que sempre teve comigo. Agora, uma mulher madura com filhas e netas, eu me sentia feliz quando podia tê-la junto da minha família nos dias de férias que passávamos em sua casa no interior ou quando ela vinha para nossa casa na praia nas férias de verão. Lembro do verão passado, quando isso aconteceu pela última vez – ela usava um maiô azul-marinho estampado com flores brancas e amarrara na cintura, à maneira de um sarongue, um grande lenço de cor e estampa semelhante que eu encontrara em uma das boutiques da cidade próxima que nos verões ficavam repletas de novidades. Com seu chapéu de palha protegendo a pele clara, era uma bela figura de mulher idosa. Na praia, pediu-me que a levasse até o mar e não se contentou em molhar as pernas ou entrar só até a cintura. Logo que a água chegou-lhe ao peito mergulhou a cabeça, mas a força da onda a derrubou e, com muito esforço, pois era uma mulher grande e forte, consegui içá-la trazendo-a cheia de areia para a praia. Ela sorria deliciada com sua travessura e com o prazer de entrar no mar.

Minha mãe e eu não sabíamos que aquele seria nosso último verão, seu último banho de mar.

Tudo tinha mudado entre nós. Antes eu reconhecia seu cuidado, mas seu amor era para mim uma espécie de massa grudenta que se misturava ao meu corpo tornando-o pesado, uma obesidade incômoda como uma dívida impossível de pagar.

Assim como algumas mulheres sabem o momento exato da concepção de determinado filho, eu também soube quando o amor por minha mãe irrompeu dentro de mim com a violência instantânea e dolorosa com que o ar penetra no pulmão do recém-nascido. Ainda morava em sua casa. Uma tarde adormeci, não sei por quanto tempo, depois de tentar por muitas horas escrever um conto aproveitando uma lembrança infantil da visão de uma baleia encalhada na praia. Acordei com o choro de uma criança pequena, vindo da rua. A voz entrecortada por soluços chamava a mãe com um tom de desamparo. A voz e o choro foram desaparecendo aos poucos. No começo, não distinguia com clareza se realmente ouvira ou se teria sonhado. Um momento depois, voltei ao texto. Sem conseguir dar continuidade às poucas linhas iniciadas antes do sono, recorri a um artifício que costumava dar certo – fazer exercícios de escrita, uma espécie de associação livre de ideias, treinando comparações e metáforas, em um estilo completamente diferente do que costumava usar em meus textos, sempre curtos e econômicos, quase secos, que nunca excediam uma ou duas páginas.

O choro e a invocação da criança surgiram como um *flash*, as palavras se soltaram dançando no teclado uma coreografia própria, livres do meu comando.

Digitei de uma só vez até pôr um ponto final. O ato seguinte foi trancá-lo em uma gaveta e esconder a chave sem mesmo ter claro por que o fazia; sabia apenas que não queria ler outra vez aquele texto dramático, exagerado, mas, ao mesmo tempo, não me decidia a jogá-lo no lixo.

Pouco depois minha mãe entrou no quarto, afastou as cortinas das janelas deixando entrar a luz suave do entardecer. Veio em minha direção segurando um prato de rabanadas.

— Estão quentinhas, acabei de fazê-las. Descanse, filha, você já trabalhou demais hoje.

Sua voz era tranquila, a expressão do seu rosto, doce e amorosa. Eu a olhei demoradamente, surpresa e fascinada – pela primeira vez, eu percebia o quanto ela era bonita e como eu gostava do som de sua voz. Um jorro morno e confortante se espalhou dentro de mim fazendo-me experimentar uma doçura antes nunca sentida e, de súbito, percebi o quanto eu a amava. Tomei o prato de rabanadas na mão e, pela primeira vez, beijei a minha mãe.

Lembrar o momento da descoberta do amor pela minha mãe na proximidade de sua morte me traz o desejo de ler o texto escrito tantos anos atrás. Sempre soube que tinha a ver com a mudança que aconteceu na minha relação com ela, mas nunca tive coragem de lê-lo. Por algum tempo alimentei a fantasia de que um demônio ficara preso naquela gaveta e que eu nunca devia libertá-lo – seria ele de verdade o autor daquele texto tão diferente dos meus escritos –, e, ao prendê-lo, libertara-me da maldição de nunca ter podido sentir verdadeiramente amor por alguém. Com o passar dos anos, o texto deixou de me interessar, não me ocorria voltar a lê-lo, mesmo quando, nas visitas à minha mãe, eu voltava a ocupar meu antigo quarto. Lembrar disso me faz sorrir da engenhosa maluquice com que eu tampava os buracos da ignorância sobre mim mesma. Talvez agora eu pudesse enfrentar alguma parte de mim que, por tanto tempo, precisei trancar. Excitada por essa ideia, levanto-me buscando lembrar onde encontrar a chave da gaveta – e de fato a encontro no lugar que costumava deixá-la. Abro a gaveta e o texto ali está, do mesmo jeito que o deixei:

Epifania

— Mamãe!

O choro interrompe a quietude da manhã de domingo. Uma criança invoca a mãe. Escandindo a palavra parece exigir a posse do que lhe pertence. O desespero contido no apelo me desperta. Abro os olhos e as últimas imagens do sonho se desfazem, sem deixar vestígios.

Ainda retenho do sono a inércia do corpo relaxado, a mente como plâncton – matéria amorfa, disponível para moldar imagens de um universo desconhecido.

— Mamãe!

O apelo é inadiável.

Sinto meu corpo em alerta, pronto para socorrê-la, mas percebo que o som se afasta, perdendo intensidade até não ser mais que um eco na rua silenciosa. O tumulto do início cede lugar a um estado de devaneio amoroso – fosse eu a mãe daquela criança teria mil formas de brincar com ela, consolar, mimar, fazê-la sorrir.

Uma suspeita se insinua entre a maciez de carinhos e confortos – alguma vez eu mesma chorei daquele jeito, desesperada, chamando por minha mãe, sabendo-a portadora de minha vida e minha morte. Sim, tenho certeza que isso aconteceu, do contrário, o impulso imediato de atender ao chamado daquela criança não seria tão forte. Sem dúvida, reconheço essa urgência, algum dia ela foi minha.

Uma pergunta surge sem aviso, traiçoeira como um bote de serpente – alguma vez eu senti amor por minha mãe?

Como em um filme projetado em velocidade acelerada, revejo imagens, fotogramas de minha vida, junto e longe dela. Em nenhuma cena encontro este sentimento. Dou-me conta de ter sentido amor pelos pobres, loucos, injustiçados, doentes; amor pelo meu gato, pelos cães vadios, sem dono. Por minha mãe nunca, nem mesmo saudades quando fico longe.

Não que a odeie. Como odiá-la se, no seu olhar, encontro uma espécie de adoração muda, oceânica, que parece nada pedir senão que eu a deixe amar-me?

Outra ordem, feroz em sua sanha inquiridora, instala-se, exercendo seu poder. Sem piedade, pergunta:

— Deveria amá-la?

— Precisaria amá-la?

A pergunta brutal me atinge com o efeito de uma explosão cataclísmica. Tenho a sensação de que as paredes do quarto oscilam, desaparecem lançando-me no mar que se agita em ondas gigantes. Ao mesmo tempo, astros parecem despencar do céu e, na terra fendas, se abrem tragando tudo o que é vivo, cultivado, construído. Meu corpo se desfaz – algo impreciso, sem forma, cai no vazio, flutua em uma espécie de vácuo atemporal.

Lentamente um átomo de consciência começa a emergir do nada em que me tornei – quase em surdina, a resposta surge, o horror se revela como uma sentença de morte:

Não a amo porque sou simplesmente uma porção ambulante da sua matéria, parte arrancada do seu corpo, vivendo a ilusão de ter vida própria. Não preciso mesmo amá-la. Não se ama a própria carne, braço, perna. Essa é a razão de jamais ter-me ocorrido questionar se amava ou não minha mãe. Agora, emergindo do fundo da minha inexistência percebo: amando-a estaria amando a mim mesma.

Ao horror se segue uma turbulência mais forte – é a dor que se instala violenta, inundando a frágil consciência que começara a se formar.

Sou salva do aniquilamento pelo ódio, nutrido por um turbilhão de pensamentos – ela sabe da minha incompletude, sabe que sou apenas uma parte sua, nem mesmo tenho nome.

"Minha filha." "Minha mais velha" – é assim que ela me apresenta para os outros.

Descubro que a alegria ante meus sucessos não é senão alegria por ela mesma – orgulho de ver sua criatura realizar o que desejou fazer e não lhe foi possível. Dar-me a comida mais saborosa, a fruta mais suculenta, a bebida mais gelada nada mais é que ver seu pedaço feliz. É ter prazer roubando-o de mim.

Monstro insaciável. Não existo senão como fonte de seu prazer, que será multiplicado cada vez que eu lhe der um neto, ou até bisneto. Ela, o centro de um círculo crescendo infinitamente.

Como um tumor, a ideia se alastra dentro de mim: a única forma de deter a hidra será matá-la.

Um sentimento de felicidade me invade – posso odiá-la. Matando-a poderei ser inteira, livre. Saboreio cada cena do ato que me libertará. Imagino a surpresa e, depois, o espanto crescendo em seus olhos, adivinhando a decisão assassina ao perceber o brilho da lâmina da faca. Um riso irrompe com a duração de uma estrela cadente – a ideia da faca me parece ridícula, um melodrama barato, filme de segunda, mas essa é a imagem que surge e não posso me perguntar por quê... preciso alimentar o ódio para prosseguir com a cena da sua morte. Não a matarei pelas costas. Ela deverá ver quem lhe tira a vida, sentir que é justo, já que, de fato, roubou a minha. Depois penso, com a louca ternura da mãe que embala o cadáver do bebê que ela mesma matou – uma vez estando morta, poderei amá-la sem limites.

O sangue não jorra. Em seu lugar, o aviso tantas vezes ouvido na infância:

— *Cuidado com a faca, filha, não vá se ferir!*

Odiei-a ainda mais. Nem mesmo tenho a condição de ir até o limite do meu ódio. Até esse prazer me é roubado. Continuarei condenada a viver uma existência incompleta e, como uma corrente estendida até o infinito, transmitir à filha que um dia terei o legado de ser também apenas uma parte minha, impedida de amar-me senão quando eu estiver morta. Agora que a realidade de quem sou me foi revelada, de que adianta viver? Incapaz de amar e de ser amada em vida, fantasma, títere, me vejo condenada a vagar pelo resto da vida em um mundo sem cor, nua, sem pão e água – como São João Batista no deserto – ou ter a morte como única redenção.

A dor explode em lágrimas, solidão, desamparo. Molhada, sufocada, desvalida, ouço-me clamando pelo único ser que poderia me socorrer e amparar.

Mamãe!

Lendo agora o texto, compreendo sua extrema dramaticidade e crueza – corte, sangue, fluidos, dor, morte –, elementos de um drama gerado pelo violento esforço de separar-me de minha mãe, parir a mim mesma. Julgando apenas que tentava fazer um exercício usando metáforas, não percebi que o conto era ele próprio a metáfora desse parto.

Nascer é uma luta de vida ou de morte. Um bebê não se desentranha do corpo materno sem que uma revolução se tenha iniciado e progredido em turbulência até o ápice que quebra a simbiose de muitos meses antes. O bebê se ejeta em um estado miserável – secreções, dor, terror e desamparo – daquele corpo ambíguo que ao mesmo tempo o expulsa e o retém. Nesse momento, o bebê grita e clama pela mãe, a única pessoa que pode recolher e unir seus pedaços que se espalham e gravitam fora dele despencando em um espaço infinito; ela é a única pessoa que pode juntá-los – como um açougueiro faz com os miúdos de porco, colocando-os dentro de uma película que toma forma – e assim o livra da queda sem fim. Desentranhar-me da mente de minha mãe para tornar-me mulher exigiu reconstruir-me do nada por meio do ódio e por fim render-me ao seu amor, renunciando a tornar-me vitoriosa matando-a. Salvando-a da morte salvei em mim a condição de amar e de me deixar matar por minhas filhas para salvá-las ao me salvarem. Foi disso que, sem a menor consciência, tentei falar no meu conto dramático, que de alguma maneira tinha, sim, parte com o Anjo Caído – o que rejeita ser o preferido do Senhor e, uma vez livre, cria o próprio reino.

A noite avança e eu não durmo, talvez pelo medo de que minha mãe morra sozinha sem que ninguém esteja junto segurando sua mão e lhe falando com doçura. Madrugada, finalmente o sono me vence, até que acordo e, pela porta aberta, ouço um som vindo do seu quarto – é a voz de minha mãe que claramente consegue fazer um apelo vindo do fundo de si mesma:

— Mamãe!

Mamãe! repete, clamando pelo único ser que podia ampará-la no breve momento antes do nada.

Sobre os autores

Ana Vannucchi nasceu em São Paulo, capital. Desde cedo, interessou-se pelo ser humano, desenvolvendo na juventude estudos de filosofia e sociologia, tendo inclusive se ocupado com aulas de História da Filosofia para o curso supletivo durante sua graduação em Psicologia pela Universidade de São Paulo (USP). Nesta, também obteve o mestrado em Psicologia Social com a dissertação "*Reflexões sobre a possibilidade do inconformismo*", trabalho desenvolvido durante alguns anos com um grupo de mulheres na periferia de São Paulo. Foi docente de Psicologia Social nas Faculdades São Marcos durante muitos anos. Trabalhou no início de sua carreira com orientação vocacional, atendendo adolescentes com paralisia cerebral na Associação de Assistência à Criança Deficiente (AACD). Nesse período, organizou, junto com outras colegas, um curso de orientação vocacional no Instituto Sedes Sapientiae, no qual desenvolveu um trabalho clínico na área de orientação vocacional durante vários anos. Iniciou sua formação analítica na Sociedade Brasileira de Psicanálise de São Paulo (SBPSP) em 1989, tendo desenvolvido sua carreira como psicanalista nesta instituição, onde passou a analista didata em 2015. Dedica-se especialmente à análise de adolescentes, área que considera de fundamental importância em sua atividade como psicanalista, por sua importância neste momento de angústias e turbulência. Nos últimos dez anos, tem se dedicado de forma intensa à formação de jovens analistas. Participou por seis anos da Comissão de Ensino do Instituto de Psicanálise da SBPSP, além de conduzir análises de membros filiados, coordenar seminários e supervisões, bem como coordenar o GEF, grupo de estudos sobre a formação psicanalítica na SBPSP. Considera a formação como sendo o coração de uma Sociedade de Psicanálise, necessitando, por isto, especial cuidado. Considera a análise pessoal do analista como o fundamento central da formação psicanalítica, tendo tido em seu percurso o privilégio de realizar longas análises e reanálises pessoais.

Anne Lise di Moise Silveira Scappaticci é analista didata (membro da International Psychoanalytical Association – IPA) e professora da Sociedade Brasileira de Psicanálise de São Paulo (SBPSP). Atende em consultório particular. Formou-se em Psicologia Clínica pela Pontifícia Universidade Católica de São Paulo (PUC-SP) em 1987. Ao longo da faculdade e durante seus primeiros anos de formada, obteve bolsas de aprimoramento e de iniciação cientíca para trabalhar com crianças na Escola Paulista de Medicina da Universidade Federal de São Paulo (UNIFESP-EPM) e no Hospital das Clínicas da Faculdade de Medicina da Universidade de São Paulo, além de exercer atividade privada em consultório particular. Morou sete anos na Itália (1990-1996), onde reconheceu seu diploma de psicologia clínica na Facoltà La Sapienza di Roma (com louvor 109/110, em 1993), fez alguns concursos e exames de Estado que lhe permitiram trabalhar em consultório particular em Roma como psicóloga clínica inscrita na Ordem dos Psicólogos Italianos e dos Psicoterapeutas Europeus. Em Roma, frequentou por três anos o curso de formação da Clínica Tavistock de Psicanálise Infantil, tendo como supervisores Gianna Polacco Williams, Jeanne Magagna e Miriana Renton. Fez formação em psicoterapia familiar por seis anos no Instituto de Terapia Familiar coordenado por Maurizio Andolfi e Carmine Saccu, com quem apresentou vários trabalhos internacionalmente. Quando defendeu sua tese de mestrado foi convidada a trabalhar na Università degli Studi dell'Aquila como assistente de psicologia, e desenvolveu pesquisas na Seconda Università degli Studi di Napoli com famílias e crianças. No fim de 1996, retornou ao Brasil, fez mestrado e doutorado em Saúde Mental no Departamento de Psiquiatria da UNIFESP-EPM sobre mães adolescentes em situação de rua. Publicou artigos sobre essas pesquisas em revistas internacionais. Fez parte da equipe de coordenação do curso de terapia e atendimento familiar desse departamento (2000-2003), no qual era responsável por famílias com crianças pequenas (supervisões aos terapeutas, docência e assistência). Pensando na importância da contribuição social do psicanalista e na divulgação de suas ideias, foi colunista da revista Crescer na Internet e em outras revistas, onde deu orientações a pais durante vários anos. De 2000 a 2008, fez parte da equipe de docentes e de terapeutas do Ambulatório de Transtornos de Personalidade do Departamento de Psiquiatria da UNIFESP-EPM (AMBORDER), apresentando vários trabalhos sobre o tema. Foi convidada a participar do curso de pesquisa em psicanálise da IPA na University of London com alguns psicanalistas. Faz parte da Comissão de Ensino da SBPSP há quatro anos. Oferece cursos sobre as ideias de Wilfred Bion e sobre sua autobiografia na SBPSP e em seu consultório. Também escreveu e publicou artigos sobre o tema. Apresentou caso clínico nos últimos anos das Jornadas de Bion promovidas na SBPSP. Sendo próxima das ideias de Bion, organizou com Luisa Tirelli e com professores italianos e ingleses o livro *Bion e a psicanálise infantil: interações entre os indivíduos e nos grupos*.

Cândida Sé Holovko é psicanalista e membro efetivo da Sociedade Brasileira de Psicanálise de São Paulo (SBPSP). Psicóloga pela Pontifícia Universidade Católica de São Paulo (PUC-SP). *Full member* do International Psychoanalytical Association (IPA). Co-chair do Committee on Women and Psychoanalysis (COWAP-IPA) para a América Latina (2014-2017). Membro da Comissão COWAP/Brasil. Coordenadora do grupo de Estudos de Psicossomática Psicanalítica da Escola de Paris na SBPSP. Membro de ligação do COWAP-IPA junto à SBPSP (2005-2008). Editora do Jornal de Psicanálise do Instituto de Psicanálise "Durval Marcondes" da SBPSP (2009-2010). Membro em formação no Institute de Psychosomatique Pierry Marty de Paris desde 2014. Organizadora, com Patrícia Alkolombre, do livro *Parentalidades y género: su incidência en la subjetividad* (Buenos Aires: Letra Viva, 2016). Organizadora, com Frances Thomson-Salo, do livro *Changing sexualities and parental functions in the twenty-first century* (Londres: Karnac, 2017). Organizadora, com Cristina Cortezzi, do livro *Sexualidades e gênero: desafios da psicanálise* (São Paulo: Blucher, 2017). Escreve sobre feminilidade, masculinidade, violência sexual e psicossomática psicanalítica.

Claudio Castelo Filho, nascido em 1959, é analista didata desde 2003 e membro efetivo da Sociedade Brasileira de Psicanálise de São Paulo (SBPSP). Membro da Federação Psicanalítica da América Latina (Fepal) e *full member* da International Psychoanalytical Association (IPA). Psicólogo formado pelo Instituto de Psicologia da Universidade de São Paulo (IPUSP), mestre em Psicologia Clínica pela Pontifícia Universidade Católica de São Paulo (PUC-SP), doutor em Psicologia Social e professor livre docente em Psicologia Clínica pela USP. É membro honorário do Centro de Estudos e Eventos Psicanalíticos de Uberlândia (CEEPU) e supervisor convidado do Centro de Estudos e Atendimento Relativos ao Abuso Sexual (CEARAS) do Instituto Oscar Freire da Faculdade de

Medicina da USP (FMUSP). É autor do livro *O processo criativo: transformação e ruptura* (São Paulo: Blucher, 2015, 2a. ed.), e de numerosos artigos em periódicos científicos e capítulos de livros publicados no Brasil, na Itália e na Inglaterra. Trabalha em seu consultório particular em São Paulo desde 1985 e também em atividades docentes em São Paulo e em outros estados do Brasil, tendo como base, em suas aulas, as obras de Freud, Melanie Klein e, sobremaneira, a de Wilfred Bion. Fez parte dos comitês científicos dos encontros internacionais sobre a obra de Bion em Los Angeles (2014) e em Milão (2016), nos quais também apresentou trabalhos. Foi membro, durante seis anos, da Comissão de Ensino do Instituto de Psicanálise da SBPSP e, durante seis anos, do Conselho Consultivo da mesma Sociedade. É convidado frequentemente para constituir bancas de defesa de mestrados, doutorados e livre-docências. Antes de iniciar seus estudos em Psicologia, chegou a cursar, durante dois anos, os cursos de Artes Plásticas e de Cinema da Escola de Comunicação e Artes da Universidade de São Paulo (ECA-USP) (1977/1978), e, concomitantemente, o curso de História da mesma universidade (1978). Interrompeu seus estudos ao final do segundo ano da ECA e viajou pela Europa e pela Ásia durante um ano, ao final do qual foi aceito para cursar Psicologia na Universidade Paris-X. Resolveu contudo retornar ao Brasil onde, como mencionado acima, fez sua graduação no Instituto de Psicologia da USP (formando-se em 1984). Ainda mantém paralela, entretanto, sua atividade como artista plástico, pintor e desenhista, com exposições individuais e coletivas no Brasil e no exterior. Suas pinturas estão publicadas em vários livros e revistas de arte e estão em coleções privadas no Brasil, na Inglaterra, na França, na Itália e nos Estados Unidos. Recentemente, ganhou o prêmio de primeiro lugar em pintura figurativa da Associação de Clubes Esportivos e Sócios-Culturais de São Paulo (ACESC). Suas obras e currículo artístico podem ser vistos no site www.claudiocastelo.com e em suas páginas no Facebook e no Instagram.

Gisele Gobbetti formou-se no Instituto de Psicologia da Universidade de São Paulo (IPUSP) em 1994. Em 1996, no Departamento de Medicina Legal, Ética Médica e Medicina Social e do Trabalho da Faculdade de Medicina da USP (FMUSP), fez especialização em Saúde Mental e Justiça e o estágio de formação especializada no atendimento a famílias incestuosas no Centro de Estudos e Atendimento Relativos ao Abuso Sexual (CEARAS). No ano seguinte, passou a integrar a equipe do CEARAS e iniciar seu mestrado na FMUSP. Sua dissertação de mestrado "Incesto e saúde mental: uma compreensão psicanalítica sobre a dinâmica das famílias incestuosas" foi defendida em 2000. A partir de 1997, também começou a participar de atividades docentes na graduação da FMUSP, ministrando aulas nas disciplinas da área de Bioética. Foi membro de Comitê de Ética em Pesquisa durante vários anos e passou a integrar a equipe de professores do Curso de Especialização em Bioética da FMUSP. Desenvolveu seu doutorado na FMUSP, cuja tese "A função da confidencialidade: bioética e incesto" (2006) uniu sua experiência de atendimento a famílias incestuosas e a reflexão bioética. Continua suas atividades como professora, pesquisadora e psicóloga, sendo a psicóloga responsável do CEARAS.

Maria Helena Fontes nasceu na Bahia. Graduou-se na Faculdade de Medicina da Universidade Federal da Bahia (FMB-UFBA). Fez residência médica em Psiquiatria na Universidade Federal de Lima, Peru, para onde se mudou por razões familiares. De volta ao Brasil, fez concurso para o Serviço de Psiquiatria Infantil do Hospital do Servidor Público Estadual de São Paulo, onde trabalhou por dois anos. Na mesma época, foi contratada para trabalhar no projeto experimental desenvolvido pelo setor de Saúde Mental da

Secretaria do Estado da Saúde em parceria com o Departamento de Medicina Preventiva da Universidade de São Paulo (USP), no Centro de Saúde Escola de Pinheiros e Butantã. Iniciou análise pessoal com psicanalista da Sociedade Brasileira de Psicanálise de São Paulo (SBPSP). Frequentou cursos sobre psicanálise de crianças e adolescentes, oferecidos pela SBPSP, para médicos e psicólogos, não psicanalistas. Iniciou a prática clínica em consultório particular, atividade que desenvolve até o momento em tempo integral. Iniciou e concluiu a formação oficial no Instituto de Psicanálise da SBPSP, tornando-se membro associado e posteriormente membro efetivo e analista didata da SBPSP e docente do Instituto de Psicanálise da SBPSP. Após formação específica, recebeu a titulação de Psicanalista de Crianças e Adolescentes da referida Sociedade. Publicou diversos trabalhos clínicos no Jornal de Psicanálise da SBPSP, na Revista Brasileira de Psicanálise da FEBRAPSI e na revista i-D – a maioria desses trabalhos fundamentados teoricamente na teoria de Wilfred Bion. A literatura é outra área do seu interesse, tendo realizado oficinas de escrita literária. Publicou contos e poemas na coletânea *Qu4rta-feira: antologia de prosa e verso*, organizada por Carlos Felipe Moisés.

Maria Luiza Lana Mattos Salomão nasceu em Ituverava (SP), e se formou em Psicologia pela Universidade de São Paulo-Ribeirão Preto em 1975. Mudou-se para São Paulo e trabalhou com Educação na antiga CRIARTE, hoje Escola da Vila, entre 1977 e 1981. Desde 1982, atende em consultório particular na cidade de Franca (SP), onde reside. Em 1997, inicia sua formação para psicanalista; fez análise didática com Leopold Nosek e é membro associado da Sociedade Brasileira de Psicanálise de São Paulo (SBPSP). Cursou especialização em Letras pelo Centro Universitário Municipal de Franca (Uni-FACEF), dado seu grande interesse pela criação literária e pelos vínculos entre literatura, cinema e psicanálise, tendo realizado várias palestras em escolas e em eventos voltados para a comunidade sobre temas psicanalíticos que guardam intrínseca relação com obras artísticas. Ensina, em seu consultório, a psicólogos interessados na abordagem psicanalítica com o objetivo de mostrar a atualidade do método psicanalítico, a partir do seu fundador, Freud, em diálogo constante com vértices de analistas contemporâneos e de outras escolas psicanalíticas. Faz parte do corpo docente do curso de pós-graduação *lato sensu*, Aprimoramento Profissional Clínico e Institucional em Psicoterapia Analítica (Uni-FACEF) e ministra curso (extra-curricular, com certificado) de Literatura & Psicanálise para alunos da graduação e pós-graduação em Psicologia e aberto à comunidade. Participa, representando a Seção Regional de Franca, da diretoria regional pertencente à SBPSP. Há três anos, vem desenvolvendo duas atividades voluntárias, gratuitas e ligadas à literatura na Biblioteca Pública Municipal de Franca em dois eventos mensais: Degustação Literária, com o objetivo de ler e aprofundar a análise de textos consagrados na literatura portuguesa e brasileira; e Escrita Criativa. Escreve para o jornal *Comércio da Franca*, no suplemento literário "Nossas Letras", agora em formato digital desde 2000. Autora de *A alegria do possível* (2010), um livro de ensaios.

Renato Trachtenberg, nascido em Porto Alegre, formou-se em Medicina na Universidade Federal de Ciências da Saúde de Porto Alegre (UFCSPA) em 1972. Trabalhou como médico sanitarista do Ministério da Saúde do Brasil de 1973 a 1975. No final desse mesmo ano, inicia sua análise didática com o dr. Horacio Etchegoyen em Buenos Aires, Argentina. Fez residência médica em psiquiatria no Hospital Italiano de Buenos Aires (1976-1977) e cursou os seminários de psicanálise e supervisões no Instituto de Psicanálise da Associação Psicanalítica de Buenos Aires (1978-1981), sendo membro titular da mesma. Pratica a psicanálise em sua clínica privada em Porto Alegre desde 1985, ensina em instituições psicanalíticas, grupos de estudos, etc. É membro pleno e membro fundador do Centro de Estudos Psicanalíticos de Porto Alegre e da Sociedade Brasileira de Psicanálise de Porto Alegre, filiada à International Psychoanalytical Association (IPA). Nessa última, é também membro titular com função didática. É autor de inúmeros trabalhos sobre psicanálise publicados em livros e revistas especializadas do Brasil e do exterior. É coautor, com Arnaldo Chuster, do livro *As sete invejas capitais: uma leitura psicanalítica contemporânea sobre a complexidade do mal* (Porto Alegre: Artmed, 2009), traduzido também para o espanhol (Buenos Aires: Lumen, 2010); é coautor, com Arnaldo Chuster e Gustavo Soares, do livro *W. R. Bion: a obra complexa* (Porto Alegre: Sulina, 2014). Participou do comitê científico das Conferências Internacionais sobre Bion em São Paulo (2004), Porto Alegre (2011), Los Angeles (2014) e Milão (2016) e participa do comitê científico internacional para a conferência de Ribeirão Preto (julho de 2018). Além dos já citados, participou ativamente de encontros nacionais e conferencias internacionais (Buenos Aires, 1999; Boston, 2009) sobre a obra de Bion.